青弓社ライブラリー 67

SEIKYUSHA LIBRARY

歴史教育とジェンダー

教科書からサブカルチャーまで

長野ひろ子／姫岡とし子 編著

青弓社

歴史教育とジェンダー——教科書からサブカルチャーまで／目次

装丁——伊勢功治

はじめに

長野ひろ子

ジェンダー概念が、欧米で「知」のパラダイム転換をめざして登場したのは、二十世紀の最後の四半世紀のことである。一九八五年には、『ジェンダーと歴史学』[1]の著者として日本でも知られるJ・W・スコットが、ジェンダーを「肉体的差異に意味を付与する知」と定義している。二十一世紀に入った今日、ジェンダーは国際的には、人種・民族・階級などとならんで不可欠な基軸的分析概念とみなされるようになった。ただし、日本ではいささか状況が異なり、現在でもジェンダーに無関心な歴史家が大半を占めている。

さて、本書は、二〇〇九年十二月に、日本学術会議史学委員会の歴史学とジェンダーに関する分科会が主催したシンポジウム「歴史教育とジェンダー――教科書からサブカルチャーまで」の報告をもとに、新たな執筆陣を加えて再構成したものである。

現在、日本でのジェンダー格差は、ほかの先進諸国に比して格段に開いている。世界経済フォーラムの年次統計によれば、二〇一〇年の日本の世界ジェンダー格差指数（GGGI）は、百三十四カ国中九十四位という際立った数値を示している。一体なぜこのような状況になっているのか、今後ジェンダー格差を解消していくための有効な手立ては何か、という問いを誰しも発したくなるほど、事態は深刻である。このジェンダー格差をはじめ、ジェンダーに関わる現代日本社会の諸問題に的確に対応するには、歴史的視座からのジェンダー・アプローチが不可欠であることは言うまでもない。同時に、その研究成果が社会に発信されること、すなわちそれらが広い意味での教育を通じて国民に共有され、国民の歴史意識や歴史認識の醸成に一定の役割を果たしうることもきわめて重要である。

このような現状認識のもと、シンポジウムは、現代日本の歴史教育をジェンダーの視点から見直し、打開に向けて一歩を踏み出し、今後の方向性を探っていくことを主たる課題とした。その際、グローバル化する現代世界で、諸外国の歴史教育も視野に入れながら問題点や論点を明らかにすること、さらに、歴史教育を学校での教科書を使った授業という範囲にとどめることなく、マンガなどサブカルチャーの分野も広義の歴史教育として捉え、論議の対象とすることにした。NHK大河ドラマなどの例を引くまでもなく、ともすれば受験のための歴史教科書よりも、テレビ・ラジオ・インターネット・マンガ・歴史小説などマスメディアを通じてのほうが、国民への影響力・波及力がより大きいのではないか、と考えたからである。

周知のように、戦後の歴史教育では、一九六〇年代から長期にわたって続いた「家永教科書裁判」や近年の「新しい歴史教科書をつくる会」の教科書問題などに見られるように、歴史認識や教科書問題が、わが国の内政・外交問題として社会的・政治的に大きく取り上げられてきた。このなかで多くの歴史研究・教育者は、変化する内外情勢を否応なく意識しながら研究・教育に従事してきた。ただ残念なことに、これまでの歴史教育・歴史教科書をめぐるさまざまなうねりのなかで、ジェンダーの視点から集中的にこれを論議しようとする波が生じることはなかった。その意味で、このシンポジウムの開催は、タイムリーな、大げさにいえば「待望久しい」企画だったともいえるのである。予想どおりシンポジウムは盛況かつ充実したものとなり、参加者アンケートでも高い評価を得ることができた。また、今後の活動に期待を寄せる人々も多数にのぼった。本書は、これからも山積する課題に継続的に向き合い論議を深めてほしいと願う多くの人々の声に応えたものでもある。

本書の構成は、主として歴史教科書について検討を加えた第1部と、文化・サブカルチャーを中心に扱った第2部とからなる。第1部では、日本の歴史教科書だけでなく、欧米などの歴史教科書をも取り上げて論じている。各国の歴史教科書でジェンダーがどのように記述され、かつまたそれぞれの特徴は何かをつまびらかにし、歴史教科書の国際比較をすることによって、ジェンダー視点をほとんど欠如しているわが国の歴史教科書に多くの示唆を与えるものとなっている。第2部では、文化・サブカルチャーなどが広義の歴史教育として教科書以上にジェンダーに関して強力な発信力をもつものであることを、さまざまな切り口から明らかにする。ここでは、少女マンガ、ミュージアム展示などをめぐっての斬新な解釈を示し、歴史とは一見無縁とされる科学も俎上に載せて、歴史教育の役割やジェンダー視点の導入に向けた追求がなされている。

歴史教育をジェンダーの視点から見直す取り組みは、まだ始まったばかりである。本書を多くの方々に読んでいただき、忌憚のないご批判やご教示をお寄せいただくよう心から願っている。

本書の刊行にあたり尽力してくださった青弓社の矢野未知生氏に厚くお礼を申し上げたい。

二〇一一年一月

注

(1) J・W・スコット『ジェンダーと歴史学』荻野美穂訳（テオリア叢書）、平凡社、一九九二年

第1部 教科書を中心に

第1章　ジェンダー視点による高校世界史教科書の書き換えに向けて

——アメリカの教科書から考える

富永智津子

はじめに

　高校の世界史教科書に女性の歴史が欠如していることに疑問をいだいたのは、十年ほど前のことである。その執筆に携わったことがきっかけだった。出版された教科書を手に、改めて、人口の半分が女性なのに、と忸怩たる思いをいだいたことを記憶している。しかし、どのように女性の歴史を書き入れたらいいのか、腹案があったわけではない。当時さかんに議論され始めたジェンダーという概念についても、「生物学的性差をもとに構築された文化的性差」という程度の認識しかなかった。そうこうしているうちに、主流は、「女性史」から「ジェンダー史」へと移行した。女性史は、まさに女性の歴史である。しかしジェンダー史は、男性と女性との関係性が焦点となる。

　しばらくは、一人で模索する日々が続いた。その間、自分の専門領域であるアフリカを中心に、イギリスやアメリカ、あるいはドイツの女性史やジェンダー史を手に取ってみたが、すでに一定の「完成度」に達している世界史教科書のような通史をジェンダー史に書き換える方法ついては、なかなか手がかりが見いだせなかった。いま考えると不思議なのだが、なぜか当時、欧米の教科書を調べてみようという考えは念頭になかった。なんとなく、日本の教科書と同じでたいして参考にはならないだろう、とタカをくくっていたのだと思う。

　だが、あるとき偶然手にしたアメリカの高校世界史の教科書を読んで衝撃を受けた。女性に関する記述が多い。たまたま出会った教科書が特別なのかと思い、ほかの出版社の教科書も入手してみた。どの教科書も、女性の歴史が書き込まれている。しかも、それらはコラム的に配置されているのではなく、ルネサンスや啓蒙思想、あるいは産業革命やフランス革命といった大きな歴史変動との関連で、女性の歴史が記述されているのだ。通史にジェンダーの視点を導入するとはこういうことなのか、と目が覚める思いがした。二〇〇九年初夏のことだった。

アメリカの世界史教科書が日本の教科書をジェンダーの視点で書き換える際のたたき台になるかもしれない、と考えた私は、日本学術会議主催のシンポジウム「歴史教育とジェンダー」でその内容を簡単に報告した。後日、それを新聞や雑誌で紹介する機会があった。[1] しかし、報告時間や字数の制約から紹介できなかった部分も多く、本章では紙幅の許すかぎり、より具体的にその内容を紹介しながら、世界史をジェンダー化する方法を検討してみたい。最後に問われるのは、ジェンダーの視点を導入した教科書はどのような新しい世界史認識の切り口を生徒に示すことができるのか、ということだろう。比較検討した教科書は、次の三種類である。[2]

①Roger B. Beck, Linda Black, Larry S. Krieger, Phillip C. Naylor and Dahia Ibo Shabaka, *World History: Patterns of Interaction*, McDougal Littell, 2005.（以下、『世界の歴史――交流のパターン』と略記）

②Peter N. Stearns, Michael Adas, Stuart B. Schwartz and Marc Jason Gilbert, *World Civilizations: The Global Experience*, Longman, Sixth Edition, 2010.（以下、『世界の諸文明――グローバルな経験』と略記）

③Jerry H. Bentley and Herbert F. Ziegler, *Traditions & Encounters: A Global Perspective on the Past*, Mcgraw-Hill, International Edition, Fourth Edition, 2000.（以下、『伝統と出会い――グローバルな歴史像を求めて』と略記）

1　執筆者と編集方針について

まず、取り上げたアメリカの世界史教科書の執筆者について、簡単に紹介しておこう。

執筆者

①『世界の歴史――交流のパターン』

執筆者は女性二人を含む五人。いずれも大学や高校で、世界史をはじめとした幅広い歴史教育に長年携わっている研究者である。女性の一人は、写真から推察するとアフリカ系アメリカ人である。そのほかに、七十一人の顧問と査読者が目を通している。その内訳は、九人の歴史研究者が顧問として全体の内容を、白人以外の顧問五人が多文化の視点からチェックをおこない、三十人の高校教師と州を代表する二十七人の高校生が査読者をつとめている。

②『世界の諸文明――グローバルな経験』

執筆者は大学に所属する男性の歴史研究者四人。謝辞で女性二人を含む八人の協力者の名前があげられている。執筆者については、所属する大学名のほかに情報は記されていない。

③『伝統と出会い——グローバルな歴史像を求めて』

執筆者二人は、いずれもハワイ大学に所属し、*Journal of World History*（University of Hawai'i Press）の編集に関わっていることから、世界史を研究対象としてきたベテランといってよい。内容に関しては、全米の歴史研究者二百六十四人が査読をおこなっている。そのうち、少なくとも六十一人が女性である。国際版として編集されたこの教科書は、海外の生徒を対象としているため、アメリカの歴史が組み込まれている点に特徴がある。いわば、真の意味で「世界史」になっているといえるだろう。

編集方針

いずれも発行部数は三千万部から四千万部、一冊が千ページ前後と、日本の教科書に比べると桁違いである。このことをまず押さえておきたい。そのうえで、これらの教科書に共通する特徴を指摘しておこう。第一は、「交流のパターン」「グローバルな経験」「グローバルな歴史像を求めて」という副題が示しているように、地域間交流の進展にともなうグローバリゼーションを切り口にして、個別具体的な民族の歴史をグローバルな経験や展望のなかに位置づける方法を取り入れていること、第二に、社会史に多くのページを割いていること、第三は、神話や古代の法典、あるいはキリスト教、儒教、仏教、ヒンドゥー教など、宗教の歴史を重視していることである。

本章のテーマである女性やジェンダー関連の歴史に関しては、いずれの教科書も女性の生活や活動、あるいは男女間の分業や支配・従属関係を記述することによって、女性史やジェンダー史の大きな歴史的変遷を古代から現代まである程度フォローしている。もちろん地域によって濃淡はあるが、取り上げている記述内容は、「家父長制と家族」「ジェンダー関係」「宗教と女性」「政治と女性」「経済と女性」「フェミニズムと人権」という六つのテーマでほぼくくることができる。次に、それぞれの教科書の編集方針や内容の特色について、個別にみていく。

①『世界の歴史――交流のパターン』

普通レベルの高校生向けに編集されているため、ほかの二冊よりも図版や地図・年表がふんだんに盛り込まれ、視覚的に世界史が理解できるように工夫されている。文字数も少ない。また、教育的配慮が行き届いていることも特色だろう。たとえば、各時代や諸地域の「日常生活」（Daily Life）、同時代の思想家の考えと研究者の見方、あるいは征服者と先住民との歴史観の違いなどを併記した「異なる歴史観」（Different Perspectives）、死や癒しなどの「共通する文化」（Something in Common）などの特集のほかに、「歴史を作った人々」（History Makers）、「現代との関係」（Connect to Today）といったコラムを随所に入れていることがその一つ。またユニークな試みとしては、各章に配置してある「歴史との交流」（Interact with History）をあげておこう。たとえば、「あなたがメキシコ先住民のある集団のメンバーとして暮らしていると仮定しよう。その集団は、同じ先住民であるアステカ民族の支配に苦しめられている。そこにスペイン人が侵略してきた。双方が戦うことになったら、さて、あなたはどちらに味方しますか?」といった設問である。これには議論のたたき台として、「ほとんど何も知らないスペインの側につくことのリスクは?」「アステカ民族があなたと類似の文化や歴史をもつという事実は、あなたの選択を左右しますか?」「戦いに参加しないことのメリットとデメリットは?」という質問を添えている。たんに、歴史の知識を伝達する教育ではなく、生徒に考えさせる工夫を散りばめている。

章別の構成は、各章が「権力と権威」「宗教と倫理システム」「革命」「環境との交流」「経済」「文化交流」「帝国の建設」「科学と技術」という八つの大テーマを据え、各章はそのなかから複数のテーマを選んで編集している。時代と地域を越えた共通の視点を通して、歴史を構造的に理解させることをねらいとしているのだ。

女性・ジェンダーに関する記述では、「家父長制」「フェミニズム」「ジェンダー」などの用語をほとんど使用せずに、女性の生活・活動・社会的役割・地位・教育などを「客観的」に叙述している。コラム的な取り上げ方が多いことにもよるが、たとえば、ルネサンス期の女性サロンや女性画家を紹介するなど、全体として、女性が男性に従属させられてきたという歴史観は抑制してある。しかし、ジャン＝ジャック・ルソーの女性差別観への言及や、ルネサンス期には中世より女性の社会的影響力が低下したといった記述によって、生徒は女性の地位の時代的な制約を知ることができる。女性の権利獲得運動の画期として取り上げられているのは、フランス革命後に『女性および女性市民の権利宣言』(一七九一年)を著して処刑されたオランプ・ド・グージュ、啓蒙思想の影響を受けて『女性の権利の擁護』（一七九二年）を著したイギリスのメアリ・ウルストンクラフト、そして、奴隷制廃止運動を機に、自分たちも差別されていることに気づいたアメリカのラクレシア・モットらによるセネカ・フォールズでの女性会議（一八四八年）などである。その後の女性の生活や活動については、それなりの言及がなされてはいるものの、現代に近づくにつれて著名な女性政治家の列挙が中心となり、構造的な女性の位置づけやジェンダー関係については手薄感を否めない。

②『世界の諸文明――グローバルな経験』

この教科書は標題が示すとおり、「文明」によって世界を縦横に腑分けしながら、世界史の展開をたどっている。まず石器時代から四大文明へ、そして四大文明の影響下にギリシャやローマ、あるいは中国やインドの文明が展開するが、この時期はまだ地域間の交流は限定的だったことが示される。次いで、イスラームの台頭と拡大、産業革命、プロテスタントの北アメリカへの移住などによって地域間の交流は一気に世界的規模へと拡大していくプロセスをたどる。このプロセスを支えたのが大西洋奴隷貿易であり、これによって「大西洋世界」と呼ばれる一体化した地域が出現したとする。

編集上の特徴としては、六つに分けたパートごとに「概観」「大きな概念」「変化の引き金」「大きな変化」「継続性」「日常生活へのインパクト」「社会と歴史的潮流」という七つの小見出しを設けて、対象とする時代を整理していること、四十一の章すべての扉にそれぞれの時期を象徴する出来事やライフヒストリーを添えて、生徒の関心を引き付ける工夫をしていることがあげられる。そのほか、「歴史の捉え方」（Thinking Historically）と命名したコラムが教科書にしてはユニークである。コラムといっても半ページから一ページのスペースを割いていて、文末には生徒への質問項目も並んでいる。たとえば、「社会史を定義する」と題したコラムでは、長い間無視されてきた集団や女性の歴史が今日の社会における類似のトピックを理解するうえで重要であること、「西欧文明」のコラムでは、冷戦時代に多用された「西欧」概念の歴史的見直しについて、「民族中心主義の問題」のコラムでは、どの文化も陥りがちな民族中心主義への警告を発しながらも、歴史の展開を担ってきた民族や地域を可能なかぎり相対化しながら歴史認識を深めることの重要性を説いている。女性に焦点を当てたコラムとしては、「アジア・アフリカのナショナリスト運動における女性」が、女性にとっての民族解放運動の歴史的意義を詳述している。

女性・ジェンダーに関しては、「家父長制」「ジェンダー」「フェミニズム」の用語を多用しながら、啓蒙主義の時代までは身分と宗教との関係で女性の位置づけがおこなわれてきたことを述べ、その後、啓蒙思想や資本主義の台頭にともなって男性役割＝公的空間、女性役割＝家空間という生物学的決定論に基づく役割分担が進行するなかで、一九〇〇年までに政治的・経済的男女平等などを要求する第一派フェミニズムが登場したという、大きな歴史の流れを提示している。第二次世界大戦後の第二派フェミニズムについては、三ページにわたってかなり詳細に記述してあるが、現代に近づくにつれて、ジェンダー視点による書き換えの努力が低下しているという印象はまぬがれない。

③『伝統と出会い——グローバルな歴史像を求めて』

この教科書は、相互依存を強化している現代世界にとって、意味ある歴史のビジョンを提供することを目的として編集されている。その切り口は明快である。つまり歴史は、さまざまな政治的・社会的・経済的・文化的「伝統」(Tradition)が、多様な回路を通して「出会う」(Encounter)ことによって展開してきたという切り口である。この切り口は、世界史はすべての社会・地域・国家によって構成されているのであって、「特定の社会の歴史的経験を通して世界史を理解することはできない[3]」という、多文化・多民族の視点によって支えられている。

女性・ジェンダーに関する記述については、三冊中最も詳細かつバランスよく配置されているといっていい。文明の黎明期から中世までは「家父長制」をキーワードとしてその変遷をたどり、その後の時代は、啓蒙主義、産業革命、メキシコ革命、奴隷制廃止、ナショナリズム、第一次・第二次世界大戦、冷戦といった歴史の大きな変動と女性の社会的地位の変遷との関係に焦点を絞っている。そのほか、四十ある各章の扉には、①②の教科書と同じくそれぞれの時代を象徴する「物語」を置いており、そのうちの五つで女性のライフヒストリーを取り上げている。たとえば、スペインの征服を通訳として支え、征服者コルテスの子どもを産んだ先住民の女奴隷ドナ・マリアの生涯を紹介し、奴隷・先住諸民族間の支配従属関係、ヨーロッパ人による征服という複雑な歴史状況のなかで生きた女性の姿を紹介している[4]。こうした「物語」は、歴史に命を吹き込む効果があり、生徒の歴史への関心を引き出す仕掛けとしても重要である。

2　世界史教科書のジェンダー化に向けて——記述例の紹介

以上、三種類のアメリカの世界史教科書を概観した。ここでは、ジェンダーの視点が具体的にどのように導入されているかを、いくつかのトピックを抜粋して紹介する。ほぼ全文明に共通し、現在でも問題となっている「家父長制」のほかは、読者に馴染みのあるトピックを取り上げた。ここに紹介したのはごく一部であり、しかも紙幅の関係で、古代ギリシャ、中国、東アジア、東南アジア、インド、ラテンアメリカといった地域については、全く紹介できなかった。なお、抜粋末尾の［解説］は、女性・ジェンダー史を考察する際の一助として筆者が付した。

トピック1　古代農耕文明での家父長制と女性

狩猟採集民社会の女性に比べると農耕諸文明での女性の地位は低く、女性が能力を発揮する機会も少なかった。一般的にいって、農耕諸文明は家父長制によって支えられていた。そこでは、男性が政治的・経済的・文化的生活を主導するという前提に基づいて、男性がすべてを取り仕切った。さらに、農耕諸文明が発展し、経済的にも豊かになり、組織化が進むにつれ、しばしば女性の地位の低下がみられた。歴史家は、農耕以前の社会の女性が享受していた高い地位がどのようにして低下したかを明らかにしようとするために、膨大なエネルギーを投入してきた。

　農耕の展開にともない、家族は家父長制へと移行した。夫と父が決定権を掌握し、妻がその権威に従うという家父長制家族の構造は、男性が土地をはじめとする全財産を支配することによって成り立っていた。結婚は財産の所有関係を基盤としていて、結婚が男性への従属を意味することは女性にとってごく当たり前のことだった。家族を舞台とした家父長制をはっきり示す慣習は、結婚後、通常、女性が夫の家族の生活圏（しばしば住居）に移動することだった。

　女性の結婚を両親が取り決めて、公的な契約を交わすという家父長制家族を発展させたのはメソポタミア文明だった。初期のシュメール人は、後期のシュメール人よりも女性に大きな選択権を与えていた。宗教が女性のセクシュアリティにかなりの権力を与えていたし、初期の法典は主要な権利を女性に保証していたため、女性が財産そのものとして扱われることはなかったからである。それでも、妻の姦通は死罪、夫はそれよりはるかに軽い刑というように、家父長制に特徴的な二重規範が採用されていた。シュメール以後のメソポタミア社会は、結婚に際して女性の処女性を重視し貞淑さを誇示するために、公共の場でのヴェールの着用を女性に課すようになった。メソポタミアの法令集（たとえば『ハンムラビ法典』）は、その大部分を女性の保護と同時に、女性の限界と劣等性を強調した規定に充てている。（略）[5]

［解説］家父長制は、家、拡大家族、親族組織、農村共同体、都市共同体、古代国家から近代国家まで、あらゆる規模の人間集団を特徴づけてきたジェンダー・システムである。集団規模が大きく

なり、階層化が進展すると、家父長制も強化され、とりわけ上層の女性への規制が厳しくなった。この歴史プロセスは、「家父」の権力の担い手を族長から父親、父親から夫へと変化させながら世界中のほぼすべての社会に共通して見られたといっていいだろう。

トピック2　古代エジプトとヌビアでの家父長制

メソポタミアの古代社会と同じく、エジプトとヌビアの人々は、男性に公私すべての領域での権限を付与する家父長制社会を築いた。上層階級のエリート女性は奉公人の仕事を管轄し、その下の階層の女性は、富裕層の出身であっても野菜を栽培したり、粉を挽いたり、パンを焼いたり、ビールを醸造したり、糸を紡いだり、布を織るなどの仕事をこなした。エリートの男性は書記や政府の役人として快適な地位を享受したのに対し、より低い階層の男性は、農業労働や製陶や漁業といった労働に従事した。

男性も女性も奴隷を含む財産を蓄積することができ、その財産を子どもに継承させることができたが、家族を含めて集団の支配者になれたのは男性だけだった。例外はあったものの、エジプトとヌビアの統治者の多くは男性であり、政治や公的な問題を決定するのは男性だった。

しかし、エジプトでもヌビアでも、女性は同じ時代のメソポタミアに比べるとはるかに大きな影響力をもっていた。エジプトでは、王家の女性がしばしば摂政として若い支配者を支えた。ほかの多くの王族の女性も地位を利用して政治に関与し、ときには息子のために陰謀に関わったり、望ましくないファラオを追放するために宮廷クーデタに加わることもあった。その有名な事例が、義理の息子トトメス三世とともにエジプトの共同統治者となったハトシェプスト女王（統治年、紀元前一四七三―五八年）である。女性のファラオは当時のエジプト人には馴染みがなく、人々は不安を感じたようである。ファラオとしての女王の像に伝統的な男性ファラオの装身具だったあごひげが付けられているのは、そうした人々の不安を取り除き、女王がエジプト社会を脅かさない存在であることを示すための仕掛けだったのである。それと対照的にヌビアのクシュ王国時代、とりわけメロエが首都だった時代には、多くの女性の支配者がいたことが歴史的に証明されている。（略）(6)

［解説］ハトシェプスト女王の男装に象徴されるように、女性が男性の領域に参入するには、女性が一時的に男性のジェンダーに移行することを条件とした。サハラ以南のアフリカでも、男性の継承者がおらず、女性が女王に即位した場合子どもを産むことを禁じられた事例、あるいは長男がいない家族が長女を長男とみなすことによって父の遺産を相続するといった事例があったことが報告されている。こうした事例は、女性が支配者になったからといって、家父長制社会のジェンダー構造が変化したとはいえないことを示している。

トピック３　ローマ時代の家族と社会

ローマ法は、男性の家長に絶大な権威を与えていた。ローマの家族は、居住をともにする奴隷、奉公人、近い親族を含む成員から構成され、通常、最年長の男性が家父として家族を統率していた。ローマ法は、子どもの結婚、義務、仕事、罰則を取り決める権威を家父に付与していて、家父は、子どもたちを奴隷として売却したり、処刑したりする権限さえ与えられていた。

ローマの家父は法的には途方もない権力を付与されてはいたが、それを専横的に行使することはまれだった。実際、家庭の管理は女性に任されていたし、年齢を重ねるなかで、女性の家庭内での影響力は増大した。女性は、子どもたちの結婚相手を決める際に手を貸したし、家計の管理面でも重要な役割を担うこともあった。ローマ法は女性の遺産相続権を厳しく制限していたが、実効性は乏しく、しかも賢明な女性はさまざまな法の抜け道を利用した。紀元前三世紀から二世紀にローマが地中海に勢力を拡大すると、首都に富がもたらされ、女性もかなりの財産を所有するようになった。家父は法的に権威を与えられていたにもかかわらず、紀元前一世紀までには、多くの女性が家族の事業や不動産を管理するようになっていた。（略）[7]

［解説］この事例からは、ローマ法の女性に対する厳格な規定が必ずしも現実の女性の相続権や役割を制約していたわけではなく、むしろローマの経済状況が女性の影響力を左右する要因としては大きかったことが読み取れる。このことは、史料がきわめて少ない女性・ジェンダー史の領域で、『ハンムラビ法典』や『ヘブライ法典』などの法律を歴史史料としてどのように使用するかという難しい問題を提起している。

トピック4　中世の女性

中世（六―十五世紀）に展開した複雑な緊張は、多くのアフロ・ユーラシアの女性に影響を与えた。主要な宗教すべてが、女性は精神的に男性と平等である――男女はともに魂をもち、神聖性を共有している――と主張した。これは大いなる革新だった。しかも、この宗教的変化は理念だけに終わらなかった。たとえば、日本の仏教指導者は女性の重要性を説き、イスラームは財産権を含む女性の新しい諸権利を確立した。仏教とキリスト教は、ともに女性の宗教共同体を設立し、新しい表現様式だけでなく、新しい指導者の役割をも女性に与えた。こうして、宗教が普及するにつれ、女性たちは宗教的生活を通して新しい地位と表現様式を手に入れた。その一方、同じこの時期に、女性の状況は悪化した。多くの研究者が、交易の発展や都市の繁栄によって政治的・経済的な女性の役割が減少し、上層の女性が飾り物として扱われるような状況を作り出したと主張している。このように、宗教は女性にとっての救済となったが、交易は女性を排除することによって、新たなジェンダー間の不平等を作り出したのである。

ほかにも女性にとって好ましくない変化が起きた。中国で広まった纏足である。それは女性を完璧な飾り物に近づけようとする試みだった。インドでは、寡婦が悲しみを示すために、夫の遺体を焼く薪に身を投げて殉死するというサティーの風習がこの時期に広まった。イスラーム社会が中東で成熟期に入ると、女性の隔離が強化され、女性は公的な役割から排除された。しかし、ほかのイスラーム社会、とりわけアフリカでは、こうした女性への制約はゆるやかだった。また、西欧の女性の状況は、中世末期に近づくと、たとえば都市の工芸品生産の場からの女性の排除などによって悪化した、と多くの研究者は見ている。（略）(8)。

［解説］ここでは、キリスト教、仏教、ヒンドゥー教、イスラームを例に中世の宗教と女性の地位との関連を記述している。新しい信仰形態が女性を精神的に男性と同等と位置づけ、さまざまな権利を付与した一方で、纏足、サティー、隔離といった新しい慣習が女性の機会を大きく制約するようになった、というのである。しかし、こうした変化の影響をまともに受けたのは上層の女性だったことに注意する必要がある。男性と同じように女性も一枚岩ではなかったからである。とはいえ、すべての女性が、女性であるがゆえに男性とは異なる規範の下に置かれていたことは、「ジェンダー」が階層や民族と並ぶ分析概念として有効であることを示している。

トピック５　魔女狩りと宗教戦争

十六世紀のヨーロッパ人は真面目に宗教と向き合っていた。そのためにキリスト教の分裂は社会的・政治的対立に油を注ぐ結果になった。戦争を別にすると、ヨーロッパ近代初期の最大の破壊的暴力は魔女狩りだった。それは、プロテスタント信者とローマ・カトリック信者との間の緊張が高まったラインラント（ドイツ西部）のような地域で特に激しかった。

ほかの民族と同様にヨーロッパ人も、特定の人物が他人の行為に影響を与えたり、誰が泥棒かがわかる秘密の情報を見いだしたりする特別な力をもつと信じていた。十五世紀末、神学者たちは、魔女が悪魔からこうした力を与えられているとする理論を発展させた。この理論によれば、魔女は、ほうきや三つ叉や動物に乗って夜空を飛ぶといった超自然の力と交換に悪魔を拝むことに合意した人々だった。神学者は、魔女は定期的に悪魔崇拝やみだらな行為をし、秘密の混合飲料を飲み、最終的に悪魔と性関係を取り結ぶ「魔女のサバト」と呼ばれる遠方の集会場所に飛んでいく、とした。

「魔女のサバト」というのは全くの空想だったが、個人が悪魔と同盟関係を結ぶことに対する恐怖は、魔女狩りに火をつけた。魔女であるということは、その人物が不作、火事、予期せぬ死、不妊といった災いをもたらすという口実になった。十六世紀から十七世紀の間に、約十一万人が魔女の嫌疑で裁判にかけられ、そのうち約六万人が絞首刑か火刑にされた。

魔女とされ殺された犠牲者のなかには男性もいたが、九五パーセントが女性だったとされている。その多くは、社会の周縁で暮らし、保護してくれる人もいない貧しく年老いた、未婚もしくは寡婦の女性だった。彼女たちは容易に告発者の標的になったのである。魔女の火刑の多くはヨーロッパでの出来事だったが、南北アメリカのヨーロッパ人植民地にも飛び火した。その最大の拠点となったのが、十七世紀のニューイングランドだった。約十万の移民人口のなかで二百三十四人が魔女として逮捕され、三十六人が絞首刑となった。(9)

［解説］「魔女狩り」は、宗教改革後のドイツやフランスで吹き荒れ、十七世紀前半にピークを迎えた。犠牲になったのはもっぱら低階層の女性だったが、十八世紀の資本主義の萌芽期には、経済

的に夫や家族から独立した女性が、家父長制社会を脅かす存在として標的になったとされている。[10]時代は前後するが、処刑されたジャンヌ・ダルクやオランプ・ド・グージュ（トピック6を参照）も、男性の領域を侵犯したという意味では「魔女狩り」の犠牲者といっていいだろう。ハトシェプスト女王（トピック2参照）の事例が示しているように、古代社会では男性の文化を身に着けることによって、女性が男性の領域に入ることが許されていた地域があったことから、中世以降、ジェンダー間の境界はより固定化されていったことがわかる。

トピック6　啓蒙思想と女性の権利

女性は男性とともに奴隷制廃止運動に参加した。その経験がフェミニストの社会改革支持者に男性との平等を求める意識を芽生えさせた。彼女たちは、女性が奴隷と同じ法的不利益を被っていると主張した。たとえば、教育を受ける機会が限られ、高等教育が要求される専門職に就くことも、投票する法的権利も奪われている、と。彼女たちは啓蒙思想に依拠して女性の権利を求める訴訟を起こそうとしたが、ジョン・スチュワート・ミルのような著名なリベラリストの支持にもかかわらず、二十世紀になるまで成果を収めることはできなかった。

啓蒙思想は政府と社会の刷新を要求したが、思想家のほとんどは、家族と社会での女性の役割に関する保守的な考えを変えることはなかった。たとえばルソーは、少女の教育は献身的な妻と母親を育成することだと考えていた。しかし、社会改革に取り組む女性のなかには、啓蒙思想が女性の権利を議論するうえできわめて有効であることに気づいた者がいた。たとえば、ジョン・ロックの政治思想に依拠して、メアリ・アステル（一六六六―一七三一）は、男性の絶対的な主権は国家におけると同じく家庭でもふさわしくないと主張した。アステルは、啓蒙思想の影響を受けて、もしすべての男性が生まれながらにして自由だとしたら、なぜ女性は生まれながらにして奴隷なのかとの疑問をも提起した。

女性の権利を擁護する活動は、とりわけ十八世紀のイギリス、フランス、北アメリカで活発だった。その著名な女性のなかに、イギリスの作家メアリ・ウルストンクラフト（一七五九―九七）がいた。彼女は学校教育をほとんど受けていなかったにもかかわらず、家で熱心に本を読んで独学し、一七九二年には『女性の権利の擁護』と題するエッセイを発表し、大きな反響を呼んだ。彼女はアステルと同じく、ロックが男性に認めた権利のすべてを女性にも認めるべきだと主張し、特に女性が教育を受ける権利を強く要求した。女性は教育を受けてよりよき母親や妻となるだけでなく、専門職に就いたり政治に参加したりすることによって、社会に貢献できるようになるというのである。

女性は十八世紀末から十九世紀初頭に勃発した革命で重要な役割を担った。女性のなかには、軍服を縫い、包帯を準備し、農園や店舗や事業を営むことによって男性を支援する者もいた。たとえば一七八九年十月、約六千人のパリの女性たちは、パンの値段が高いことに抗議してヴェルサイユへと行進した。そのなかには、王族の館に押しかけ、王宮の小麦粉の提供とともに、王と女王が一緒にパリに戻ることを要求した女性たちもいた。一七九〇年代初頭には、ピストルを持った革命的共和主義者女性協会のメンバーがパリの街頭をパトロールしたこともある。

しかし、女性たちは、オランプ・ド・グージュ〔フランス革命後の一七九一年に『女性の権利宣言』を出版し、革命の成果が男性だけに限定されていることに抗議し、反逆の罪に問われて処刑された女性：引用者注〕の運命を知って、女性が革命に参加しても、公的な任務に就いたり、公共の場での役割を与えられたりする展望がほとんどもてないことに気づいた。（略[11]）

［解説］理性の法（自然法）に照らして、人間の生命・自由・財産を侵してはならないという人間社会の新しい理念を生み出したのは、絶対王政の抑圧のなかから生まれてきた啓蒙思想である。しかし、ルソーを含むほとんどの啓蒙思想家は、男女には生まれながらの能力に差があるという通念を共有していた。フランス革命での女性の貢献が歴史に記述されなかった背景にも、女性には男性と同等の能力がないというこの通念があった。産業革命を経て十九世紀になると、この通念は、男女の性格や能力の優劣を科学的に立証しようとする研究によって、生物学的決定論へと発展する。チャールズ・ダーウィンも進化論の立場から同様の主張をおこなっている[12]。

トピック7　産業革命と女性

産業革命は、必ずしも女性にとって福音とはいえなかった。たしかに、工場労働は、家庭内での仕事よりも高い賃金を女性に提供した。たとえばマンチェスターの女性紡績工は、家庭で綿糸を紡いでいた女性よりもはるかに収入が多かった。しかしその賃金は、男性の工場労働者の三分の一にすぎなかった。

女性たちはこうした問題を社会に訴えるために、改革運動を始めた。たとえば、一八〇〇年代半ばに、女性たちは、女性従業員が多い職種で労働組合を結成した。イギリスでは、女性の安全保安員が工場を回って査察をする取り組みを始めた。アメリカでは、ジェーン・アダムス（一八六〇―一九三五）のような高学歴の女性が、厚生施設の運営を開始した。こうしたコミュニティセンターが、スラムの貧しい住民に手を差し伸べたのである。

女性の権利が性差によって否定されるのはおかしいと気づき始めたのは、奴隷制廃止運動に関わったアメリカとイギリスの女性たちだった。女性の権利要求運動は、アメリカでは一八四八年に始まった。一八八八年に創設された国際女性評議会には世界中の女性活動家が加入し、一八九九年に開催されたこの評議会の会合には、二十七カ国からの代表とオブザーバーが参加した。

（略）(13)

［解説］ここでは、産業革命が女性による社会改革運動の引き金となったこと、女性たちに性の違いに基づく差別への疑問をいだかせるきっかけになったのが奴隷制廃止運動だったことが記述されている。このことは、新しい時代を切り拓いた産業革命や奴隷制廃止運動という世界史的出来事が、女性の歴史と深く関係していたことを物語っている。とりわけ、女性が奴隷制廃止運動をとおしてジェンダーの不平等に目覚めたことは、その後、女性が移民や少数民族などの社会の周縁に置かれた「マイノリティ」への慈善や救済事業に主体的に関わっていったこととも関連している。

トピック８　家庭の封じ込め政策と女性

ニキータ・フルシチョフとリチャード・ニクソンがモスクワで繰り広げた台所論争では、両国の違い——その延長上には資本主義社会と共産主義社会が想定されている——を理解する手段として女性と家庭の重要性が強調された。ニクソンをはじめとするアメリカの市民は、家庭の妻や母親の生活を快適にし、アメリカの女性とソヴィエトの女性との違いを際立たせているさまざまな家電製品を称賛した。アメリカの指導的立場にいた人々は、アメリカの女性は家庭にとどまり、愛国心をもった子どもを育てることによって家族と国家に最上のサービスを提供しているという考えにとらわれており、家族が共産主義への最善の防波堤になると信じていた。女性はソヴィエトの女性のように働く必要はなかった。その理由は、夫が郊外の瀟洒な邸宅で暮らす家族を養うに十分な給料を稼いでいるからであり、アメリカの母親の最も重要な役割は家族を幸せにし、家族に誠実に生きることだったからである。

冷戦期の共産主義への警戒感は、家庭領域にも浸透していた。とりわけ、アメリカでその傾向が強く見られた。政治家、ＦＢＩ、教育関係者、コミュニティの連絡委員らは、共産主義のスパイがアメリカの生活基盤を破壊するのではないかという警戒感を強めていた。そんななかで登場したのが、上院議員のジョセフ・マッカーシー（一九〇九—五七）だった。彼は、うまくはいかなかったものの、連邦政府内の共産主義者を洗い出そうとしたことで、一九五〇年代初頭に悪名を馳せた上院議員である。急進派やリベラル派が掲げる目標を支持する者、あるいは疑わしい行動をする者は、アメリカへの忠誠心を疑われた。何千人もの市民、とりわけかつて共産党員だった市民は職を追われ、国家の安全を脅かす者との烙印を押された。社会的に認められた生活の規範を順守することが、恐怖に満ちた冷戦初期の規範になった。家族の生活圏にとどまることは、疑惑を回避し、アメリカが戦いを挑んだ冷戦の最大の不安要因、なかでも核の危機に目をつぶることを意味した。このアメリカの家庭と家族への退却を「家庭の封じ込め」と名づけ、国際共産主義に対する封じ込め政策との類似性を指摘する研究者もいる。

「家庭の封じ込め」の重圧は、家族のメンバーすべてに負わされたが、最も影響を受けたのは女性たちだった。冷戦期の既婚女性の就業率は第二次世界大戦中よりも高く、彼女たちの多くは、当時さかんにテレビショーで流された新しい家庭のあり方に即した生活をしていないために抱え込まざるをえなかった恥や罪の意識に反発した。すべての女性が『ビーバーにまかせなさい』(一九五七―六三年に放映されたテレビショー)に登場するジューン・クレバーに共感したわけではなかった。こうした戦後の家庭の主流化に対する女性たちの不満は、フェミニスト運動に油を注ぐことになった。ソヴィエトの女性たちとも手を結び、植民地からの独立を闘っていたアジアやアフリカの女性からも刺激を受け、アメリカの女性たちは冷戦の規範を拒否し、平等の権利を求めて立ち上がったのである。(略)[14]

[解説] 台所論争の舞台は、一九五九年にモスクワで開催されたアメリカ博覧会。そこに展示された郊外住宅の台所を前に、ニクソンがアメリカの資本主義が実現した豊かなライフスタイルをフル

シチョフ相手に自慢したことに由来する。アメリカで実現された豊かな家庭生活とそれを支える中産階級の女性像は、冷戦のなかで、資本主義を擁護する宣伝の手段として使われたのである。(15)

トピック9　現代版奴隷制

世界のあらゆる地域に広がっている問題に、人身売買（トラフィッキング）がある。現代版奴隷制ともいうべきこの悪行によって、年間百万人から二百万人もの人々が国境の内外で売買されている。人身売買は多様な形態でおこなわれている。たとえば、ロシアとウクライナでは、業者は海外に行けば大金が稼げるとの約束をして犠牲者を誘う。犠牲者が目的地に到着するや否や、レイプ、虐待、食事制限、幽閉、死といった肉体的暴力を使って強制労働や家事労働、あるいは商業的な性産業に送り込む冷血な業者の管轄下に置かれる。こうした人身売買の犠牲者の多くが少女や女性であることは、彼女たちの社会的・経済的地位の低さを反映している。たとえば南アジアでは、困窮した両親や親族が、若い女性をセックスや強制労働を仲介する業者に売り渡すことも珍しくない。人身売買は、世界で最も成長がめざましい企業犯罪の一つであり、年間の収益は何億万ドルにも達している。(16)

［解説］現代社会を覆っている地球規模の経済的格差のしわ寄せは、圧倒的に女性に集中している。その一つの事例がトラフィッキングと呼ばれる「人身売買」である。「現代奴隷制」とも呼ばれ、国際的に問題となっている。日本も売却先の一つとなっている。人身売買の事例は、これまでのト

ピックを通して見てきた女性差別の構造が、グローバリゼーションにともなって、地球規模に拡大していることを示している。

おわりに

以上、アメリカの世界史教科書を女性・ジェンダーに関する記述を中心に紹介してきた。ここで、日本の教科書との違いや問題点、ジェンダー視点の導入方法、教育効果について簡単にまとめておきたい。

まず、日本の教科書との最大の違いは、記述のスタイルである。「史実」だけで記述されている日本の高校教科書と違い、アメリカの教科書には研究者の仮説や考察なども書き込まれている。「おそらく……だろう」などという表現が日本の教科書に登場することはない。これは、「史実」を疑う余地がない「事実」として覚えさせて大学受験に備える日本の知識重視教育と、歴史は「暗記」するものではなく「考えるものである」とするアメリカの思考重視教育との違いだろう。もう一つあげれば、紹介したトピック6の「啓蒙思想と女性」のなかにミルやルソーやロックがランダムに登場することからもわかるように、編年史へのこだわりは日本の教科書よりも低い。時代性より、テーマ性を重視しているからだろう。

次に問題点について。多くはないが、記述のなかに明らかな間違いや誤植があることだ。[17] もう一つは、トピックの取り上げ方である。家族や教育といった女性史やジェンダー史にとってきわめて重要なトピックが、通時的に記述されていない。家族に関していえば、身分制時代の家族から近代市民家族、そして近代家族へと移行するプロセスである。[18]そこから地域による違いも見えてくるに違いない。また、ジェンダー史は、いまや男性性がどのようにして歴史的に構築されてきたかという領域にまで広がってきている。これに関連する最も重要なテーマは「軍隊」であり「兵士」だろう。[19]これらを、最新の研究成果を参照しながら、どのように教科書に反映させるかは、今後のわれわれの課題である。

さて、世界史をジェンダー視点で書き換える方法として見えてきたことは、女性はさまざまな領域にまたがって生きてきたのだから、記述の方法もそれに対応して多様であってよい、ということである。つまり、女性の社会的地位の変化を農耕文明、宗教改革、産業革命、ナショナリズム、大戦、冷戦、グローバリゼーションといった大きな歴史変動との関連で記述する部分がある一方で、女性特有の慣習や宗教的役割を記述する個所があってもいい。また、女性独自の歴史的貢献や男性の領域で活躍する女性の姿を描く場合もあるだろう。男性中心のジェンダー構造に異議を申し立てたフェミニズム思想や女性解放運動の記述も欠かせない。重要なことは、多様な記述のなかから女性の社会的地位の変遷をたどれるようなテーマをいくつか選び、それを軸として通時的変遷と地域間比較の視点を導入することである。以上を、アメリカの世界史教科書から学んだ、現時点でのとりあえずの到達点としたい。

最後に、教科書をジェンダー視点で書き換える意義について、生徒の立場で考えておきたい。これは、書き換えられた教科書を学ぶ生徒と、そうではない教科書を学ぶ生徒との間にどのような歴史認識の差が生じるのか、という問いに答えることである。

ジェンダー視点が導入された教科書を学ぶ生徒は、文明の発展、階層社会の形成、産業革命、近代化が必ずしも女性の権利を拡大したとはいえず、むしろ女性の社会的地位は時代が下るにつれて低下し、女性たちを「家庭」という領域に「封じ込め」ていった歴史のプロセスを学習する。この歴史プロセスは、イギリスやアメリカの女性が自分たちの社会的地位を奴隷の地位になぞらえた事実が示しているように、国家が少数民族（ユダヤ人など）や異なる人種（黒人など）を排除したり包摂したりした政治的プロセスの一環でもあった。性的マイノリティもここに含めることができるだろう。こうした女性・ジェンダー史を世界史のなかに位置づけて学ぶことによってはじめて、生徒はフェミニズム運動がなぜ生じたかを理解することができる。一方、ジェンダー視点が導入されていない教科書を学ぶ生徒は、女性やマイノリティに関する歴史認識を深める機会を与えられることなく、知らず知らずのうちに、男性中心に描かれてきた既存の歴史観の再生産に加担させられることになる。人口の半分が女性であり、生徒の半数が女性であることを考えれば、どちらの歴史教育が公正かは明らかだろう。どのようなジェンダー観を選択するかは各自の自由である。しかし、その選択にあたっては、情報・知識が公平に与えられるべきだろう。

注

（1）富永智津子「世界史教科書のジェンダー化を！」「ふぇみん」第二千九百十四号、婦人民主クラブ、二〇一〇年、同「高校世界史教科書のジェンダー化に向けて――日本とアメリカの比較」、学術の動向編集委員会編「学術の動向」二〇一〇年五月号、日本学術協力財団

(2) このほか、日本で邦訳が出版されているヨーロッパの歴史教科書、ペーター・ガイス／ギヨーム・ル・カントレック監修『ドイツ・フランス共通歴史教科書 現代史――一九四五年以後のヨーロッパと世界』(福井憲彦／近藤孝弘監訳〔世界の教科書シリーズ〕、明石書店、二〇〇八年)、フレデリック・ドルーシュ総合編集『ヨーロッパの歴史――欧州共通教科書』(花上克己訳、東京書籍、一九九四年)を点検してみたが、女性・ジェンダーに関する記述はほとんど見られなかった。

(3) ジェリー・H・ベントリーほか『伝統と出会い――グローバルな歴史像を求めて』第四版、マグロウヒル社、二〇〇〇年、XXVページ

(4) 同書六六五ページ

(5) ピーター・N・スターンスほか『世界の諸文明――グローバルな経験』第六版、ロングマン社、二〇一〇年、三八―三九ページ

(6) 前掲『伝統と出会い』七一―七二ページ

(7) 同書二七四―二七五ページ

(8) 前掲『世界の諸文明』二四二―二四三ページ

(9) 前掲『伝統と出会い』六三五ページ

(10) 同書六五四ページ

(11) 同書八〇二―八〇三ページ

(12) 梅垣千尋「革命の時代の男女平等論――メアリ・ウルストンクラフトの革新性」、河村貞枝／今井けい編『イギリス近現代史研究入門』所収、青木書店、二〇〇六年、一九ページ参照

(13)前掲『世界の歴史』六五二ページ
(14)前掲『伝統と出会い』一〇七二ページ
(15)同書一一四九ページ
(16)土屋由香「冷戦期の日米関係とジェンダー」、有賀夏紀/小檜山ルイ編『アメリカ・ジェンダー史研究入門』所収、青木書店、二〇一〇年、二七三―二九〇ページ
(17)いくつかの間違いや誤植もある。たとえば、アフリカの農業が西アジアの人々によってもたらされ、その理由としてソルガムやミレットが西アジア起源であると書かれているが、最近の日本の研究に照らしても明らかに間違いである(前掲『世界の諸文明』一九〇ページ)。誤植に関しては、明治天皇の Mutsuhito が Mutsohito になっている個所がある(前掲『伝統と出会い』九〇四ページ、写真キャプション)。また、多文化主義の観点から、紀元前の略号である B.C. と A.D. はキリスト教色が強いということで B.C.E.(Before the Common Era)と C.E.(Common Era)を採用している一方で、ヨーロッパ中心の呼称である「新世界」を多用しているという矛盾もみられる。
(18)姫岡とし子『ヨーロッパの家族史』(世界史リブレット)、山川出版社、二〇〇八年、参照。なお、アメリカ史に関してはエレン・キャロル・デュボイス/リン・デュメニル『女性の目からみたアメリカ史』(石井紀子/小川真和子/北美幸/倉林直子/栗原涼子/小檜山ルイ/篠田靖子/芝原妙子/高橋裕子/寺田由美/安武留美訳〔世界歴史叢書〕、明石書店、二〇〇九年)があり、女性を中心に据えた通史として参考になる。
(19)星乃治彦「国民づくり・男づくりと軍隊・宮廷――ホモソーシャルの展開」、姫岡とし子/川越修編『ドイツ近現代ジェンダー史入門』所収、青木書店、二〇〇九年、二六三―二八〇ページ参照

第2章

古代ギリシアの社会をジェンダーの視点から読み解いてみる

桜井万里子

1　歴史学の課題を教科書に反映させられるか

高校の世界史B教科書では、女性に関する記述はきわめて少ないうえに[1]、その記述も多くの場合、断片的である。私の専門分野である古代ギリシア史についてみるならば、どの世界史Bの教科書も古代ギリシアにほとんど必ず数ページを割いている。しかもそのなかに、ジェンダーに関して、民主政から女性と奴隷が排除されていたという趣旨の記述が見出せる[2]。たとえば、最も発行部数の多い山川出版社『詳説世界史改訂版』の記述はこうである。「市民団のなかでは政治的平等が徹底している一方で、奴隷・在留外人・女性には参政権がなかったこと、代議制でなく市民全員が参加する直接民主政だったことなどが、現代の民主政治との違いである。だが民主主義という考え方を世界で初めてうみだした点で、ギリシア民主政の世界史的意義は大きい[3]」

現在の民主主義と古代の民主政の相違を明確にすることを目的とするこの記述は、そのかぎりでは適切である。しかし、それが断片的な知識の提供であることは否めない。奴隷・在留外人はさておき、女性に参政権がなかったことについて、その理由の説明がないからである。では、どうであればいいのだろうか。ここではまず、歴史学とは何かという問題について、大原則に戻って考えてみよう。歴史学が最大の研究課題とするのは史実の解明である。だが、歴史研究はそこにとどまるのではなく、史実を社会全体の、あるいは時代全体の構造のなかに位置づけて、その意義を解明することも同じく重要である。構造のなかに位置づけるとは、複雑に絡み合った因果関係の網の目を解きほぐし、その意味を解説・叙述すること、と言い換えることもできるだろう。このような歴史学の課題を念頭に置きながら、古代ギリシアの社会をジェンダーの視点から見るならば、右に引用した叙述とは別の叙述も可能と思われる。

２ アテナイとスパルタの女性たちの社会的諸権利

アテナイとスパルタの比較

古代ギリシアでは家父長制家族が一般的だった。代表的な二つのポリス、アテナイとスパルタも例外ではなかったが、女性たちの日常生活にも彼女たちが享受していた権利にも、両ポリスの間で大きな差異が存在していた。その実際を以下に列挙してみよう。(4)

①アテナイの女性たち

＊少女は深窓に生活し、世間知らずが望ましいとされた。(5)
＊初婚の年齢は初潮後間もなくの十四、五歳で、相手の男は三十歳前後が普通だった。
＊既婚の女性が外出して他人の男性に見られることは望ましくない。身内以外の男性の目に触れないことが良家の子女のたしなみ、という社会通念があった。(6)

＊女性に不動産所有権は原則として認められていない[7]。
＊女性は一生、男性の近親者の後見の下に置かれていた。
＊女性は一定の金額以上の経済的取引を一人ですることはできない[8]。しかし、家内で織物を生産することで、家産の増大に貢献した。
＊男子継承者がいない市民に娘がいる場合、彼女は最も近親の男性と結婚し、生まれてきた男の子に父の家産を相続させる役割を担う。このような立場の女性はエピクレーロス（家付き娘）と呼ばれていた。既婚の女性がエピクレーロスとなった場合（つまり、結婚後に実家の兄弟が死亡して、跡継ぎがいなくなった場合）、離婚して最近親の男性と結婚しなければならなかった。
＊姦通法によって、姦通を犯した市民の妻は、離別を余儀なくされた[9]。

②スパルタの女性たち
＊少女は戸外で運動をし、身体を鍛えた。
＊結婚は十八歳くらいになってからで、相手は二十五歳前後が普通だった。男女ともにそれが強健な子どもを産むために最適の年齢と考えられていた。
＊既婚女性もアテナイの場合より行動の自由があり、外出に制約はなかった。
＊不動産所有権を有していた[10]。
＊男子継承者がいない市民に娘がいる場合、彼女はパトルコスと呼ばれた。パトルコスには近親の男性との結婚が求められたが、アテナイのエピクレーロス制度とは異なり、結婚後も家産はこの娘

の所有するところであった。また、すでに結婚した娘がパトルコスとなった場合も、エピクレーロス制度とは異なり、結婚の解消は強制的ではなかった[11]。
＊年老いた夫が若い妻に、自分が好ましいと考える健康な心身をもつ若者の子どもを生ませることができたし、ほかの市民の妻で家柄もよく多産である女性がいれば、彼女の夫の許しを得て子どもをもうけることも許されていた[12]。

アテナイとスパルタの相違点

前項で列挙した諸権利を比較するならば、アテナイの女性の方がスパルタの女性よりもさまざまな点で自由を制限されていたことは否定できない。アテナイの場合、市民の妻や娘たちは、生まれてきた子どもが夫の子どもであることが確実であるように、厳しく行動が規制されていた。だがスパルタの場合、夫以外の男性の子どもを産むこともありえたのである。

スパルタのパトルコスやアテナイのエピクレーロスが重要視されるのは、家父長制家族社会では家産は男系を通じて継承される原則があるので、継承する男子がいない例外的な場合にむしろその社会の特質が端的に現れる、と考えられるからである。アテナイの場合、エピクレーロスは自分で父親の財産を相続するのではなく、最も近親の男性と結婚し、生まれてきた男の子に父親の財産を相続させる役割を担っていた。いわば父親の財産の運び屋にすぎなかったが、彼女を媒介にして父の家産が孫に継承され、家産がほかの家系に移ることが避けられた。他方、スパルタでもパトルコスは近親の男と結婚するよう定められていたらしいが、父の家産を継承し所有するのは彼女自身だった。また、結婚後にパトルコスになった場合は、近親の男性と結婚するために現在の夫と離婚することは求められなかった。この点でも、アテナイのエピクレーロスとは異なっていた。

パトルコス制度とエピクレーロス制度との相違は、何に起因するのだろうか。スパルタの女性が有していた不動産所有権がアテナイの女性には認められていなかったことが、その大きな要因だったのではないか。前近代の社会の多くがそうだったように、古代ギリシアも農耕が生産活動の中心であり、土地が最も重要な生産手段だった。したがって、不動産所有権の有無は、当該社会での構成員の位置を測るための決定的な指標である。参政権が認められていなかったうえに、不動産所有権も有していなかったアテナイの女性は、スパルタの女性よりもはるかに劣等の位置に置かれていた。

スパルタのパトルコスが父の家産を相続すること、加えて、パトルコスという直系の家産継承者でありながら、傍系の近親男性との結婚を選択せずに、身内以外のスパルタ市民と結婚し、子どもをもうけることが認められていたことは、家産が非血縁者（ほかの家系）に移動することにさほどの抵抗もなかったことを示していて、それだけいっそう、スパルタでは市民の家（オイコス）に対する国家（市民共同体）の介入の度合いが弱かったことを物語っている。これにはスパルタ社会の構造が関係していたと考えられる。

スパルタには、市民のほかにペリオイコイという自由身分でありながら参政権のない人々とヘイロタイ（ヘロット）と呼ばれる隷属農民とがいて、これらペリオイコイやヘイロタイのほうがスパルタ市民よりもはるかに数が多かった。スパルタの国名は「ラケダイモン人たち」であったが、ペリオイコイはスパルタ市民とともに「ラケダイモン人たち」の構成員だった。彼らペリオイコイは、戦時にはスパルタ市民とともに従軍の義務を有する。ただし、スパルタの政治には参加できなかった。他方で、父祖以来所属する共同体（これもポリスと呼ばれていた）の成員として、その共同体の内部では政治的・経済的な自治を認められていた。

他方、ヘイロタイの多くは、スパルタが前八、七世紀に軍事力によって服属させた隣接のメッセニア地方の住民だった。スパルタ市民はヘイロタイを農業に専念させて、彼らが貢納する農作物を自分たちの生活の糧とし、自らは七歳から集団生活に加わり、強い兵士になるための訓練を受けた。成人後も軍事訓練に専念する生活だった。スパルタ教育という言葉はこのことに由来する。スパルタ市民は、自分たちよりも圧倒的多数の隷属農民（ヘイロタイ）を「内部の敵」として抱えていたため、絶えず彼らを警戒する必要があり、それゆえ日々集団生活を重視し、軍事訓練に専念していたのである。そのような事情の下では、個別市民のオイコスの存続如何よりも、強健な市民の再生産が重要課題であって、市民数の減少を阻止して市民共同体の基盤を強固にしておかなければならなかった。(13)

市民が生活の大部分を軍事訓練に費やしていたスパルタは、いわば常時臨戦態勢にあったということができる。そのようなスパルタでは、市民の妻たちは日常的に一種の「銃後を守る」存在だった。そうであれば、女性の自由の度合いが高かったことも納得できる。第二次世界大戦中の総動員体制の日本で、女性の社会的進出が進んだことと相通じるところがあるのではないだろうか。

3 ここから何が見えてくるか

スパルタであれアテナイであれ、ポリスを構成する市民（成年男子）は国を運営する主体だったので、政治に参加するとともに国土防衛の責務も負っていた。近隣の国々との戦争の脅威にさらされ、敗北するならば自国の消滅もありえた当時にあって、男性市民の優位は絶対的だった。共同体の構成員でありながら市民でない女性は、市民＝兵士を産む存在として共同体に不可欠だったが、市民＝兵士である男性たちに自らの運命を委ねる存在でもあった。そのような過酷な条件の下で、女性はさまざまな権利を制限されていたのだが、スパルタとアテナイの女性の置かれた状況の相違は、前節で述べたように、スパルタ社会の構造に起因していたといえるだろう。

アテナイの国家主催の演劇競演で上演された悲劇には、戦う性である男性と産む性である女性という対蹠する関係を端的に表したせりふがある。前四三一年春の大ディオニュシア祭で上演されたエウリピデス『メーディア』二四八行から二五一行を以下に引用しておこう。

「よく世間では、男は槍を取って戦をしているのに
わたくしたち女は家でなに憂いなく気楽に暮らしている、と言いますね。
でもこれは間違いです。

わたくしは、一度お産をするくらいなら三度戦に出ることも厭いません[14]」

男は戦争、女は出産という二項対立的な考え方は、スパルタにも見いだされる。プルタルコス『リュクルゴス伝』二七によれば、産褥死の女性と戦死した男性にだけ墓標に名前を記すことが許されたという。

これらのアテナイとスパルタでの事例が、悲劇の上演であれ、墓碑に刻まれた名前であれ、いずれもポリスでの公共生活の場で市民に提示されたものだったことを考慮するならば、男女の役割分担に関する二項対立的な考え方は、規範とすべき言説として、男女を問わず市民身分の者たち（すなわちポリス構成員）が受容していたと言えるだろう。その結果、男性は戦争、女性は出産というイデオロギーはポリス構成員の内面深くに沈潜していった。古代ギリシアは多数のポリスが分立する世界であって、隣接するポリスの間で対立・抗争そして戦争が珍しくなかった。そのためこのような一種のイデオロギーが市民たちの間に浸透していた、と考えていいだろう[15]。

おわりに

スパルタであれアテナイであれ、ポリスを構成する市民（成年男子）は政治に参加すると同時に国土防衛の責務も負っていた。近隣の国々との戦争の脅威にさらされ、敗戦が自国の滅亡につながった当時にあっては、男性市民の優越も理解できないではない。第2節で概観したように、アテナイとスパルタでの女性の自由の度合いの違いは、この大前提の下での差異にすぎなかったことは確かである。他国との力関係が戦争という手段で決まるかぎり、女性のこのような社会構造上の位置は、基本的にほとんど変化しなかっただろう。この構造を端的に描き出しうる古代ギリシアは、ジェンダーの歴史を構造的に把握するための優れた教材を提供できるだろう。

現代では、武器使用にさほどの体力は必要とされなくなった。核兵器を使用する場合にはボタン一つ押せばいいらしい。だからといって女性が長い歴史のなかで排除されていた戦争に、いまさら男性と肩を並べて兵士・軍人となって参加するのは愚の骨頂ではないか。戦争への男女共同参画などお断りである。戦争から排除されてきた立場を逆手にとって、戦争以外の手段による国際紛争解決を声高に叫べばいいのではないか。この考え方は、古代ギリシアでの男女の役割分担の構造の意味を教材を通して学ぶ生徒たちにとっても、説得的に響くのではないだろうか。

注

(1) 本書第5章、三成美保「高校世界史教科書にみるジェンダー」

(2) 同論文、資料参照

(3) 木村靖二／岸本美緒／橋場弦ほか『詳説世界史改訂版』山川出版社、二〇〇三年、四二ページ

(4) このような比較は最近ようやく可能になった。スパルタに関しては残存史料が少なく、しかも部外者による記述がほとんどだったことから、その社会についてはアテナイほどに知られていなかったし、

研究もアテナイの場合ほど進んでいなかった。しかし近年、スパルタとその周辺地域の発掘や地表踏査が進み、それと並行して文献史料の再検討も進められており、古代スパルタについての研究の進展は著しい。その結果、このような比較も可能になったのである。

(5) 以下、アテナイの女性について概説的には、桜井万里子『古代ギリシアの女たち――アテナイの現実と夢』(〔中公文庫〕、中央公論新社、二〇一〇年〔初版は中公新書、一九九二年〕)を参照。

(6) 社会通念として存在していたからといって、女性が全く外出しなかったわけではない。生活の必要からアゴラで物売りをしていた女性や夜間に隣の家に火をもらいに行った女性の例が史料中に言及されている。しかし、社会通念が女性たちの行動を抑制するはたらきをすることは、一般論としていいうる。

(7) 桜井万里子『古代ギリシア社会史研究――宗教・女性・他者』岩波書店、一九九六年、二三五―二七六ページ参照

(8) イサイオス作第一〇弁論一〇に、「法は子どもと女性とに、大麦一メディムノス以上の契約を交わすことを、はっきりと禁じている」とある。

(9) 姦通法は妻とその相手の男には適用されたが、夫は全くその対象からはずれていた。つまり、夫の姦通は全く問題視されなかった。ここに、アテナイにおける一夫一婦制の男性優位の偏頗な特徴が端的に現れている。

(10) 不動産所有権については、前四世紀初めにエピタデウスの法が制定された結果、女性にも認められるようになった、という解釈がこれまで有力だった。しかし、このエピタデウスの法はプルタルコス『アギス伝』五にだけ言及されていることから、史実が疑われている。アリストテレス『政治学』一二七〇aの記述では、前四世紀の現象は旧来からのスパルタの国制によるとしているので、スパルタ

では女性にも土地所有権が認められていたとみなすほうが妥当だろう（cf., Stephen Hodgkinson, *Property and Wealth in Classical Sparta*, Classical Press of Wales, 2000, pp.94-98）。なお、注（14）参照。

（11）パトルコス制度については、Stephen Hodgkinson, *op.cit.* の独自の考察による見解が重要。Paul Cartledge, *Spartan Reflections*（University of California Press, 2001, pp.119-120）は、クレタ島南部のポリスであるゴルテュンの場合を並行事例として、パトルコスが近親の男性との結婚を選択しない場合、父親の家の財産は傍系の男性の親族が継承することになるが、それでも、パトルコスは父の財産の一部を相続できた、と解釈する。Sarah B. Pomeroy, *Spartan Women*（Oxford University Press, 2002）も同様。

（12）クセノフォン『ラケダイモン人の国制』一章一節七―八参照。以上のスパルタの女性に関する記述は、主としてクセノフォン『ラケダイモン人の国制』とアリストテレス『政治学』に依拠する。他方、従来史料として重視されていたプルタルコスによる『リュクルゴス伝』などの作品は、古典期の状況を知るための史料としてどれほど信憑性があるか、最近では疑問視されていて、むしろ、前五世紀後半の作であるヘロドトス『歴史』中の断片的な記述などから歴史像を再構成する試みが進められている。もちろん、それでスパルタ社会の歴史像に劇的な変化が生じているわけではないが、歴史像がより史実に近いものとして描けるようになってきている。

（13）アリストテレス『政治学』一二七〇ａによれば、スパルタではエピクレーロスの増加と高額の嫁資（プロイクス）のために国土の約五分の二を女性が所有する事態にいたり、兵員不足からポリスが崩壊した、という。なお、パトルコスとすべきところをエピクレーロスとしているのは、アリストテレスの誤りである。

(14) エウリーピデス「メーディア」丹下和彦訳、松平千秋ほか編『ギリシア悲劇全集』第五巻所収、岩波書店、一九九〇年、一〇九ページ

(15) アテナイでの悲劇・喜劇の競演は、国のレベルでは冬のレナイア祭と春の大ディオニュシア祭で、地方レベルでは各地のディオニュシア祭で、おこなわれた。前者は、前五世紀後半には年を追うにつれてしだいに熱気を帯び、市民こぞっての大イベントとなっていった。市民たちにとって演劇が上演される劇場は自己を陶冶する場であり、また、アテナイというポリスの自己主張（国家イデオロギー）を披露し、確認する場でもあった。したがって、そこで提示される考え方と理念は、全市民が共有することが多々あったのである。

第3章

奴隷貿易にジェンダーの視点をクロスオーバーさせる

井野瀬久美恵

はじめに

本章で扱う奴隷貿易は、ヨーロッパ、アフリカ、（南北）アメリカという三つの大陸を大西洋上で結んだことから、「三角貿易」の名でも知られる。奴隷制度は古今東西、どこにでも存在した（そしていまなお存在する）社会経済システムだが、ヨーロッパ近代を彩る大西洋上の奴隷貿易について、高校世界史の教科書はどのように記述しているのだろうか。そもそも、歴史教育で奴隷貿易（と奴隷制度）の過去を考える意味はどこにあるのだろうか。

1 いまなぜ「奴隷貿易」を問うのか？

実は、十六世紀から十九世紀にかけて大西洋上で展開された奴隷貿易については、二十一世紀に入って、世界各地でその再記憶化が進行中である。その大きな契機となったのは、二〇〇七年、イギリス議会が帝国内での奴隷貿易の廃止を可決してから二百年目の節目を迎えたことだ。〇七年前後には、イギリス各地とかつてこの貿易に関わったアフリカやカリブ海域の諸国、アメリカやカナダなどで、この歴史的出来事を顕彰するさまざまなイベントが開催された。廃止二百周年を記念して作られた数々の彫像は、それぞれの地域と奴隷貿易との関係を多様な「形」で映し出す。奴隷貿易への関与をめぐり、「深い悲しみと遺憾の意」を示しながらも、「謝罪（apology）」という言葉を巧みに避けたイギリスのトニー・ブレア首相（当時）の発言が物議を醸し、歴史における和解・謝罪の議論も紛糾した。

こうした動きを受けて、イギリスでは二〇〇八年九月の新学期から、奴隷貿易とその廃止のプロセスの学習が義務教育課程（Key Stage 3、対象十一―十四歳）で必修化された。帝国解体にともなって元奴隷の子孫たちを移民として国内に抱え多民族国家の様相を深めるこの国で、次代を担う若者にいま何を伝えるべきか――歴史教科書に託された重要な使命を再認識させる動きといえるだろう。

その少し前から、奴隷貿易（と奴隷制度）は、われわれの同時代的関心として高められつつあった。新しい世紀が幕を開けた二〇〇一年、南アフリカのダーバンで開催された国連・反人種差別世界会議は奴隷貿易と奴隷制度を「人道に反する罪」と明言し、〇四年、「奴隷ルーツ・プロジェクト」を立ち上げたユネスコも、その歴史をグローバルに共有すべきだとの認識を示したのである。かつて奴隷貿易で巨富を得たイギリスの港町リヴァプールは、この「負の遺産」を街中に活かした再開発が評価されて「世界遺産」に選ばれた。二十世紀末以降のＩＴ革命と絡んで急速に進展したグローバル化は、遺伝子研究の最新成果とも相まって、謝罪と補償を求める元奴隷の子孫らの協力体制を可能にしている。(1)

本来、日本もこうした動きと無関係ではない。「奴隷（slave）」という単語が、記録と記憶の狭間でいまなお議論が分かれる、ジェンダーと深く絡んだ日本の「ある過去」を表面化させたからである。二〇〇七年、アメリカ議会下院でその過去が採択された背景の一つには、同時期に高揚したこの「奴隷貿易の記憶」があった。しかしながら、日本では、この関連性に着目し、「奴隷貿易」の議論を深める動きはほとんど見られなかったように思われる。[2]

では、高校世界史の教科書は、グローバルに共有されつつある奴隷貿易というテーマをどのように描いているのだろうか。まずはそれを確認してみよう。

2 奴隷貿易に何を見るのか

現在日本で使用されている高校世界史Bの教科書について、奴隷貿易（と奴隷制度）の記述に関して注目されるのは、質・量ともに教科書間の格差が大きいことである。その原因の一つは、奴隷貿易を（いわば）「単体」で扱い、国民国家形成と絡む「ヨーロッパ世界の拡大」の一コマとして扱うか、そうではなく、この社会経済システムを、近代以降グローバルに展開された人やモノの動き、そこに準備されたアフリカの低開発問題といった大きな流れのなかで考えるか、にあるようだ。

なるほど、二十一世紀初頭のカリキュラム改訂以降、「ヨーロッパ世界の拡大」は、諸地域世界の「交流と再編」（帝国書院）、「結合と変容」（実教出版・清水書院）、「一体化」（第一学習社）といった大きなくくりの下に配置されている。この構成のなかで、重商主義時代に編み出された奴隷貿易は、人、モノ、カネ、情報によって大西洋世界が交流し一体化した好例であり、そこに欧米諸国の産業革命も準備された。また、砂糖やコーヒー、綿花やタバコといったわれわれの身近にあるモノが、アフリカから運ばれた奴隷の労働力によってカリブ海域や南北アメリカのプランテーションで栽培され、当時のヨーロッパ（そしてアメリカ）の消費生活を大きく変えたことにふれるなど、高校生の好奇心を誘う工夫も凝らされている。

しかしながら、これらの教科書では、奴隷貿易（と奴隷制度）の説明が中心であり、それがどのように廃止されたのかというプロセスへの言及はほとんど見られない。『最新世界史図説タペストリー』(3)には人の移動による世界の一体化が説明されているが、南北戦争のなかで出されたアメリカの奴隷解放についてでは、ほかの教科書同様、大西洋世界の交流・結合・一体化（すなわち、先行しておこなわれたイギリスやフランスなどの奴隷貿易・制度の廃止と関連させて）ではなく、アメリカ一国史の文脈で扱われている。また、近年の世界史教科書は現代世界を意識した記述が増えているが、それでも、奴隷反乱を口火に世界初の黒人国家となったカリブ海域のフランス領ハイチの独立は、奴隷たちが解放をめざして立ち上がった八月二十三日（一七九一年）が、一九九八年にユネスコによって「奴隷貿易とその廃止の国際記念日」に制定された事実と結び付けられてはいない。「フランス革命の影響を受けたラテンアメリカの独立」という（受験上の）文脈が強調されるからだろう。かくして、この奴隷反乱とわれわれが生きる現代世界を関係づける手がかりは失われたままなのである。

重要なことは、二十一世紀のいま、なぜ「奴隷貿易（と奴隷制度）という過去」を知らなければならないか、にあるだろう。この歴史的事実を知識として知っておくことも大切だが、二十世紀末以降、世界各地で浮上してきた大きな関心は、奴隷貿易（と奴隷制度）の廃止がどのように実現されたのかという解放のプロセスと、そこで奴隷自身が示した「抵抗」の多様な形態、ならびに彼らの主体性にある。イギリスの義務教育過程で必修化されたのも、「奴隷貿易とその廃止のプロセス」なのである。

教科書に廃止のプロセスが書かれていないわが国の現状にあっては、奴隷貿易に対するジェンダーの視点など望むべくもない。実際、現行の高校世界史教科書での奴隷貿易の記述には、ジェンダーへの配慮も女性の存在も皆無である。廃止運動のプロセスに注目すれば、イギリスの女性たちが奴隷労働で作られた砂糖の不買運動の主たる担い手だったこと、このときの政治経験がその後、女性たち自身の解放や権利を主張する運動へとつながったことなども見えてくるはずなのに、だ。

それゆえに、まずは前述したように、大西洋上で展開された奴隷貿易とその廃止の努力が、われわれが生きる現代世界と深く関わっていることを意識する必要がある。そのうえで、この問題にジェンダーの視点をクロスオーバーさせると、そこには何が見えてくるのだろうか。

3　ジェンダー化されていた大西洋上の奴隷貿易

十六世紀以来、大西洋上で展開された奴隷貿易を通じて、ヨーロッパ商人によってアフリカ大陸からカリブ海域や南北アメリカへと運ばれた奴隷の数は一千万人とも千二百万人ともいわれる。この数字をジェンダーの視点から眺め直すと、興味深い事実が見えてくる。それは、その大半が男性

図1　アメデ・グレアン「大西洋上の中間航路でダンスを踊る奴隷たち」（1855年、フランス海事博物館蔵）。奴隷の健康維持のためのダンスには、船内の奴隷反乱を抑止する効果も期待されていた。
（出典：*CAPTIVE PASSGE: The Tronsalantic Slave Trade and the Making of the Americas*, The Mariners' Museum, 2002, p.66.）

だったことである。たとえば、高校世界史の教科書や副読本に添えられた絵画のなかの奴隷船で目立つのは、プランテーションの過酷な労働に耐えうる屈強な黒い肉体の男たちだ（図1）。統計の数字も、大西洋上の奴隷貿易では、女性奴隷の数が男性奴隷に比べて圧倒的に少なかったことを示している[4]。

　このジェンダー・アンバランスは、同じアフリカ大陸を舞台とするほかの二つの奴隷売買ルートと比べるとより鮮明になる。

　一つはサハラ砂漠を渡る内陸ルートを通じて、ムスリムのアラブ商人によっておこなわれた奴隷売買であり、おもにアフリカ人女性が対象とされた。もう一つはアフリカ大陸各地で日常的におこなわれていた奴隷売買であり、そこでも女性、そして子どもが対象だった。実際、サハ

ラ以南のアフリカ大陸で、奴隷の大半は女性だった。(5)アフリカ社会では、家事労働はもちろん、種蒔きから収穫に至る農業労働、水運びのような日常の重労働の多くが女性に任されていて、奴隷についても女性の方が男性よりも高い労働価値があったからである。加えて、アフリカ社会が女性奴隷を好んだ理由としては、男性奴隷が自分を奴隷にした社会になかなかなじまず、潜在的な脅威であり続けたのとは対照的に、女性の場合、一夫多妻制を通じて――すなわち奴隷主の何番目かの「妻」となることで――、現地社会への同化が容易だったこともあった。(6)ヨーロッパ商人に奴隷を仲介したアフリカ商人が男性奴隷を積極的に大西洋上に送り出した背景には、こうした事情があったのである。

これに対して、ヨーロッパ社会、そしてその延長線上に建設されたアメリカ社会では、「農業労働は男の仕事」とするジェンダー認識があった。言い換えれば、大西洋上の奴隷貿易は、ヨーロッパ、カリブ海域、南北アメリカでのジェンダー認識とアフリカ大陸内部でのそれとの違いによって支えられていた。その意味で、ヨーロッパ世界の拡大を象徴する大西洋上の奴隷貿易は、当初からジェンダー化されたシステムだったのである。

その一方で、カリブ海域の砂糖きびプランテーションで過酷な農業労働に従事していた奴隷の半数以上は女性だった。たとえば、ジャマイカのワージーパーク（Worthy Park）という農園では、一七八〇年以降、奴隷制度廃止が現実に発効する一八三八年まで、女性奴隷の平均割合は農園労働者の五四パーセントを下回ったことはなく、通常は三分の二ほどを占めたという。(7)その意味では、奴隷が送り込まれたプランテーション自体はジェンダー化されていなかったといえるかもしれない。

4　奴隷人口はなぜ増えなかったのか――女性奴隷の主体性

高校世界史の教科書や副読本のいくつかには、ジャマイカやキューバなどカリブ海域での砂糖生産量の増加と、アフリカから運ばれた奴隷数の増加との相関関係を示すグラフが掲載されている(8)(図２)。砂糖のあるところ、奴隷あり――砂糖きびという作物は栽培にも砂糖精製にも手間がかかり、人間の身体や命を疲弊させたため、その生産拡大には奴隷の大量投入が必至だった。

しかしながら、問題は、グラフが示す右肩上がりの奴隷数の「中身」にあった。そこに潜む大きな問題にカリブ海域の農園主が気づいたのは、奴隷貿易廃止へのプロセスが始まる十八世紀末のことだった。労働力をアフリカからの奴隷輸入ではなく、「再生産」（すなわち奴隷の出産と子育て）によって確保しなければならなくなったこのとき、農園主を愕然とさせたのは、奴隷の自然増加率が低いこと――すなわち、女性奴隷の流産と死産、そして一歳未満の嬰児死亡の割合がともに高いことだった(9)。当時の奴隷廃止運動家らは、その原因を砂糖きびプランテーションでの過酷な労働や鞭打ちなどの厳罰と結び付け、農園主に改善を求めた。

他方、アメリカのプランテーションでは、似たような厳しい労働条件にもかかわらず、出生率は高く維持され、奴隷人口も順調に増えていた。独立直前の一七七〇年には、奴隷の約七割がアメリカ生まれだったという。このことは、同じ時期、カリブ海域のプランテーション奴隷の約八割がア

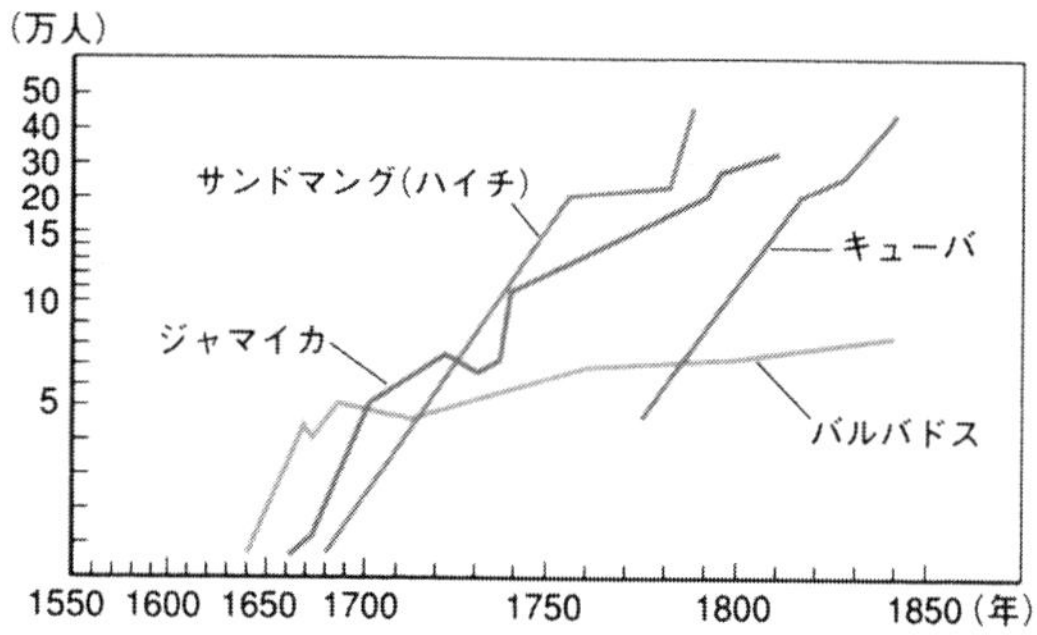

図２　奴隷人口の推移（1643—1841年）
（出典：帝国書院編集部編『最新世界史図説タペストリー６訂版』帝国書院、2008年、見返し）

フリカ生まれ、つまり奴隷貿易によってたえずアフリカから奴隷が補充されていた状況とは実に対照的である。[10]「カリブ海域に比べて、アメリカの農園主の方が奴隷に対して温情的だった」との説明もあるが、説得的な裏付けがあるわけではない。そもそも、奴隷たちは農園近くに独自のコミュニティを作って生活しており、労働の場となる農園以外で農園主が奴隷のプライベートな生活に干渉することはむしろ少なかった。

　したがって、カリブ海域で奴隷人口の自然増加率が低かったのは、農園主側ではなく、奴隷側の事情によるものといえるだろう。この問題を、出産と子育てという女性奴隷の経験に照らして考えると、注目すべき事実が浮かび上がってくる。一つは、長い授乳期間（二、三年）とその間の性交渉がタブー視されたことによる出産間隔の問題である。農園主は、それをアフリカ人女性奴隷が仕事をさぼるための口実とみなして非難した。[11]もう一つは、低い自然増加率が、低い出生率以上に高い幼児死亡率に起因しており、しかも死亡した子どもの大半が一年未満であり、二五―五〇パーセントが生後一週未満の新生児に集中していたことである。奴隷担当の医師は、その原因として母である女性奴隷の不注意と不衛生な子育て環境を指摘し、農園主も、流産や死産は「女性奴隷の堕落した品性のせい」であり、「黒人女性は育児よりセックスを大事にする」とか「モラルに欠ける彼女たちの性の乱れが性病の原因となり、出生率を脅かしている」[12]などと非難した。出産と子育てに絡んで女性奴隷に何があったのだろうか。

実は女性奴隷たちの多くは、カリブ海域のプランテーションでも、故郷である西アフリカの文化と知、慣習とともに生きていた。授乳期間の長さやその間の性交渉がタブーだったのは、西アフリカの文化に従っていたからである。また、生後一週未満の新生児死亡率が高かったのは、女性奴隷たちが、薬草を使った堕胎や避妊とともに、「嬰児殺し」という（現代のわれわれにはかなりショッキングな）方法で奴隷の再生産を阻止しようとしたからだった。彼女たちにこの行為を許したのも、「生後八、九日目までの新生児はこの世の一部、人間とはみなされず、霊魂の状態にとどまっている」[13]と考える西アフリカの文化だった。すなわち、彼らの文化のなかで、生後一週未満の「嬰児殺し」は「犯罪」ではなかったのである。それは、堕胎や避妊同様、「奴隷の子は奴隷主の所有物」とされたわが子の将来、そして子どもと引き離されるわが身の運命に絶望した母たちによる主体的な「抵抗の形」だった。人口動態に対するこうしたジェンダーの視点からの分析は、大西洋世界の交流や移動においては、女性こそがアフリカ文化の守り手だったことをも物語っているのである。

5 ジェンダーの視点は歴史再読の武器

奴隷貿易(と制度)は実にジェンダー化されたシステムだった。と同時に、その廃止のプロセスにジェンダーの視点をクロスオーバーしてみると、カリブ海域のプランテーションで、女性奴隷たちが自分たちの文化や知を駆使して、奴隷制度に主体的な抵抗を試みていたことがわかるだろう。欧米とは異なる規範に根ざした労働のジェンダー化とともに、出産と子育てという彼女たちの経験に目を向ければ、「黒人女性は怠惰で生活態度がだらしない」といったヨーロッパ目線の人種偏見を超えて、アフリカ固有の文化やモラル、価値観を見いだすことも可能になるはずだ。女性奴隷たちは、男性とは異なる場面で、そして男性とは違う方法で、アフリカ文化に基づいて行動し、主体的な独自の抵抗を試みていたのである。彼女たちのこうした抵抗の延長線上に奴隷制度の廃止が実現することになるのだが、「奴隷解放」についても、男性と女性の経験は同じではなかった。ジェンダー化された奴隷制度から解放されたアフリカの女性たちを待っていたのは、一夫一婦制と合わせてヨーロッパ人が彼らに教え込もうとしたヨーロッパのジェンダー認識だったのである。(14)

このように奴隷貿易の歴史をジェンダーの視点から再考することは、「現代の奴隷制度」と呼ばれる人身売買《トラフィッキング》、あるいは介護やセックス産業といった低賃金労働に従事する女性のグローバルな移動、それらとつながる現代日本社会を捉え直すことにもなるだろう。

われわれが生きるいまの世界は、どのようにして到来したのか――歴史は、そして歴史教科書は、過去と現在との不断の対話によって成り立っている。二十一世紀のいまにあってなお、いやいまだからこそ、奴隷貿易というテーマは過去と対話する格好の素材なのだ。そして、ジェンダーの視点は、この対話に絡み付くさまざまな偏見を断ち、歴史の新たな解読を可能にする〝武器〟でもある。

注

(1) たとえば、かつて奴隷貿易と関わった保険会社や銀行に対して元奴隷の子孫らアフリカ系アメリカ人が起こした訴訟については、井野瀬久美惠『大英帝国という経験』(〔興亡の世界史〕、講談社、二〇〇七年、一四〇―一四二ページ)、Ashley M. Heher, "Slave Descendants Attempt to Revive Reparations Lawsuit Against 17 Insures and Banks," (*Associated Press*, 27 Sept. 2006); Anthony J. Sebok, "A Federal Court of Appeals Revives a Class Action Seeking Compensation for Slavery in America," (*FindLaw*, 19 Dec. 2006)、さらには Business & Human Rights Resource Centre のホームページを参照。

(2) 二〇〇七年六月のアメリカ議会下院外交委員会では、従軍慰安婦(sex slave)問題に関して日本政府に謝罪を求める一二一号決議が採択された。

(3) 帝国書院編集部編『最新世界史図説タペストリー六訂版』帝国書院、二〇〇八年

(4) Herbert S. Klein, "African Women in the Atlantic Slave Trade" (in Claire C. Robertson & Martin A. Klein eds., *Women and Slavery in Africa*, Heinemann, 1997) pp.29-33 の統計表を参照。

(5) この二つのルートについては、Claire C. Robertson and Martin A. Klein, "Women's Importance in

"African Slave Systems," in *ibid.*, pp.3-5. アフリカ社会における奴隷制度の形態は多様であるとともに、「解放」につながるいくつもの抜け道も内在していた。詳細は *Ibid.*, pp.5-19. ここで分析されたリネージを中心とするアフリカ社会とそこでの奴隷制度については、富永智津子「イニシエーション儀礼とドレイ制――アフリカ（一）」（原ひろ子編著『比較文化研究――ジェンダーの視点から』所収、放送大学教育振興会、二〇〇二年）一二五―一四四ページも参照。

（6）Herbert S. Klein, *op.cit.*, p.36.

（7）*Ibid.*, p.35; Claire Robertson, "Africa into the Americas?: Slavery and Women, the Family, and the Gender Division of Labor," in David Barry Gaspar and Darlene Clark Hine eds., *More Than Chattel: Black Women and Slavery in the Americas*, Indiana University Press, 1996, pp.20-28. 十九世紀初頭、廃止運動の圧力が強まるなかでおこなわれたほかの砂糖きび農園に関する調査でも、女性奴隷が七五パーセントあまりを占めている。

（8）たとえば、帝国書院編集部編『最新世界史図説タペストリー 六訂版』（帝国書院、二〇〇八年）表紙裏「紅茶と砂糖の世界史」や、向山宏ほか『高等学校世界史B――人、暮らしがあふれる歴史』第一学習社、二〇〇七年、一五五ページ。

（9）一九七〇年代後半以降、カリブ海域の人口史研究では、北アメリカ（そして南アメリカ）に比べて、カリブ海域のプランテーションで奴隷人口の自然増加率が低く抑えられていたことに注目する研究成果が多く発表された。代表的な研究はケンブリッジ大学人口史グループの以下の三冊である。B.W.Higman, *Slave Population and Economy in Jamaica, 1807-1834*, Cambridge University Press, 1976; Kenneth F. Kiple, *The Caribbean Slave: A Biological History*, Cambridge University Press, 1984; Richard B. Sheridan, *Doctors and Slaves: A Medical and Demographic History of Slavery in the*

British West Indies, 1680-1834, Cambridge University Press, 1985. 奴隷人口動態をめぐる近年のジェンダー研究では、多産をよしとするアフリカ社会から「子どもの産めない女性たちが奴隷として売られた」ことも示唆されている。その意味でも、奴隷貿易は、ヨーロッパとアフリカの「男たちの共犯関係」のうえに構築されたシステムだったといえるだろう。

（10）Kenneth Kiple, *op.cit.*, pp.106-108. 関連するプランテーションの奴隷生活については、池本幸三／布留川正博／下山晃『近代世界と奴隷制――大西洋システムの中で』（人文書院、一九九五年）二二五―二六八ページ参照。また、移行措置期間を経て奴隷制度廃止法（一八三三年）が発効する一八三八年以降も、農園労働の実態そのものは奴隷制時代とほとんど変わらなかったといわれるが、それにもかかわらず、出生率は改善したとの報告もある。過酷な農業労働というだけでは解けない人口学上のこの謎については、Kenneth Kiple, *op.cit.*, pp.104-134; Barbara Bush, “Hard Labor: Women, Childbirth, and Resistance in British Caribbean Slave Societies” (in Gaspar and Hine eds., *op. cit.*) pp.193-217 を参照。

（11）*Ibid.*, pp.201-203; Kenneth Kiple, *op.cit.*, pp.109-115.

（12）こうした事実については、Barbara Bush, *op.cit.*, pp.201-210 を参照。

（13）*Ibid.*, pp.207-210.

（14）Claire Robertson, *op.cit.*, pp.16-19.

第4章 中国史教育とジェンダー

小浜正子

歴史教育においてアジア史の分野では、女性はどのように取り上げられており、ジェンダーの視点は組み込まれているのか、いないのか。本章は、中国史に問題を限って論じてみたい。ここでは最初に、世界史教科書の中国史における女性に関する記述を検討し、続いて中国の家族についての言及のされ方、あるいはされなさ方を確認し、最後に、中国の家族と生殖について、どのような記述が考えられるか、たたき台を提出してみたい。

1 教科書のなかの中国女性像——登場するのは「悪女」ばかり!?

最初に、教科書のなかで、どのような女性が取り上げられているかを確認しよう。現行の「世界史B」の教科書十一種類を調べたところ、圧倒的に多くの教科書に登場しているのは、則天武后(十一種中の十種、以下十/十一のように表記)と西太后(十一/十一)である。そのほかの登場人物は非常に少なく、政治史の記述のなかで、一部の教科書に韋后(二/十一)、江青(毛沢東夫人、一/十一)が取り上げられている程度である。ほかには、本文ではないが、コラムで徐カンディタ(徐光啓の孫娘、清水書院)と宋家の三姉妹(東京書籍)がそれぞれ一社で取り上げられて、社会史の話題を豊富にしている。このように、中国史での女性の登場は日本史や西洋史に比べても非常に少なく、男性だけの歴史叙述という傾向が顕著である。

則天武后・西太后・江青——なにか聞いたことのあるような取り合わせだ、と思ったら、巷間のいわゆる「中国史上の三大悪女」は、呂后、則天武后、西太后に、暴君として名高い殷の紂王の寵姫・妲己を加えた四人か、これに江青を加えた五人のなかから任意の三人を言うのが一般的だという。つまり、世界史の教科書に出てくる中国史上の女性は、ほとんど「悪女」とされている者ばかりなのだ！

では、彼女たちは、教科書で、どのように評価されているのだろうか。

則天武后について、『新選世界史Ｂ』（東京書籍）は、「七世紀末に、則天武后が一時帝位について国号を周と改めるなど、政治的な混乱があったが（略）」とし、彼女の政治を「政治的な混乱」とする。同様の記述をしているものに、『世界史Ｂ』（三省堂）、『新世界史』（山川出版社）がある。また、『高等学校世界史Ｂ改訂版――百テーマで視る世界の歴史』（清水書院）のように、女帝がいた、という事実だけを記すものもある。[1]

唯一、現在の研究成果を反映して、則天武后の政治を評価するのは、『詳説世界史』（山川出版社）の「七世紀末に則天武后が帝位についた際、科挙官僚を積極的に任用したことは、政治の担い手が古い家柄の貴族から科挙官僚へと移ってくる一つの転機となった」という記述だけである。

西太后についてはどうか。「一八九八年には光緒帝が登用した康有為、梁啓超らが、日本の明治維新をモデルに急激な改革をすすめた。保守派の官僚や西太后はこれに反対し、改革を三カ月で失敗させた（戊戌の政変）」（『新選世界史Ｂ』東京書籍）などのように、すべての教科書は、西太后が戊戌の変法をつぶした保守派だと記す。とはいえ、西太后は清末の半世紀もの間、政権を動かしていたのであり、戊戌の政変だけが彼女の政治のすべてではない。『世界史Ｂ新訂版』（実教出版）は、一八六一年から西太后が政権をにぎったと、その評価にふれずに述べる。『世界史B』（三省堂）、『世界史B新訂版』（実教出版）の二種だけが、近年の研究によって西太后が洋務派を登用したことを述べ、積極的にも評価している。

以上のように則天武后や西太后は、現在の大部分の教科書で、その政治へのマイナス評価だけが述べられるか、あるいは彼女たちが権力を握ったこと自体が普通でない事態として記されるか、という扱いを受けている。

中国では、則天武后や西太后が政権を握ったこと自体が、男女の「内外の分」を超えたとして長い間否定的に評価されてきた。「悪女」として敵への残酷さなどが喧伝されるのも、そうした評価が背景になっている。残念ながら、現在の世界史教科書での彼女たちの扱いも、それとあまり変わっていない。少ないスペースに多くの事項を詰め込まなければならない現在の教科書のあり方も、その背景かもしれない。しかしこれでは、現在の歴史教育の主流は、「雌鶏が時を告げる」＝女性が政治に口出しするのはよくない、という伝統的な儒教的観念の再生産をおこなっている、と評価せざるをえない。

だが、女性が政権を握るというイレギュラーな形態ながら、則天武后や西太后が長期にわたって政権を維持しえたのは、当時の宮廷がそれを許し支持した、さらにいえば必要としたからにほかならない。則天武后も西太后も、時代に必要な改革者であった。だからこそ政権が握れたのである。次世代の歴史感覚を養う教科書では、最新の研究成果をきちんと反映させた則天武后・西太后像の提出をぜひとも望みたい。

とはいえ、則天武后と西太后の教科書での評価が訂正されたとしても、それは政治史で女性の業績を正当に評価するというにすぎず、まだまだ中国史のなかで女性を可視化すること、さらにはジェンダー視点から歴史を叙述することにはほど遠い。では、高校の世界史教育で、どのような内容を取り上げればいいだろうか。

2 世界史教科書における中国の家族

中国の家族制度は、中国史自体における重要性から見ても、日本社会に与えた影響に鑑みても、世界史教科書で、ぜひともきちんと論じてほしいテーマである。次に、現行の世界史B教科書の中国の家族制度に関する記述を、それぞれの時代ごとに確認しよう。

周代の封建制はすべての教科書で取り上げられる項目である。「ヨーロッパの封建制度とは異なり、血縁関係による支配を特徴とした」（『世界史B改訂版』〔三省堂〕の註）ことへの注意が喚起され、その基盤となる親族集団の「宗族」（四／十一）、宗族の規範である「宗法」（九／十一）について多くの教科書が説明する。そして中国の家族制度についての記述は、現行の世界史教科書のなかで、おおむねここだけに限られる。もっとも、その家族制度が父系の血縁に基づくと記すのは、『新世界史改訂版』（山川出版社）などの二、三にとどまる。中国の家族制度が父系制であることは、あまりに自明で、わざわざ書くまでもないのかもしれない。しかしそれが周辺地域に伝えられ、徐々に朝鮮や日本の社会に父系制が広まったことなどを考えると、中国の家族制度の基本的な特徴として明記してほしい気がする。

父系血統の継承を基本とする家族制度は、宋代の儒学の革新のなかで、再編強化された。現行の世界史教科書で、朱子学の成立は必ず取り上げられるトピックである。『高校世界史B』（実教出版）や『詳説世界史改訂版』（山川出版社）は朱子学によって君臣・父子の区別を重視する大義名分論がさかんになったことを述べるが、夫婦の別も重視されたことにふれるものは見当たらない。

時代が下って、中国の近代的変革の時代、中華民国初期に展開された新文化運動（または文学革命）は、世界史教科書に必出である。雑誌「新青年」を拠点として、胡適や魯迅らが儒教批判をおこない、白話（口語）運動や「民主と科学」の主張が展開されたことなどが述べられるが、儒教批判を具体化する家族制度変革の試みについては、ほとんどの教科書はふれていない。(2)

中華人民共和国成立後、婚姻法によって男女平等の家族の実現が図られたことは、土地改革と並ぶ重要な社会改革であった。だが、土地改革についてはほとんどの教科書が取り上げているが、家族改革に言及する世界史教科書は見当たらない。これには、近年出版された概説書にも言及しないものがあり、研究者のなかでもジェンダー構造への関心がとても低いのは、大きな問題だろう。(3)

以上のように、儒教の根幹は家族制度というジェンダー構造にあるにもかかわらず、世界史教科書のなかの中国の家族に関する記述は、非常に少ない。そのほかでも、世界史教科書の中国史に関わる部分でのジェンダーや女性への言及は非常に少なく、これはアジアの他の地域についても同様である。(4)本書で検討しているように、日本史教科書や、世界史教科書の欧米の歴史の部分でも女性史やジェンダー史への言及はまだまだ不十分なのだが、アジア史ではさらに問題が大きい。その背景には、日本におけるこの分野での女性史・ジェンダー史の研究者の少なさや研究の蓄積の乏しさがあり、学界全体の関心も高いとはいえない、憂慮すべき状況がある。

では、中国の家族に関してどのような記述が可能であるか、次に考えてみたい。

3　中国の家族制度の変遷と生殖

ジェンダー視点からみた中国の家族制度に関する研究は、特に前近代に関して、あまり多くはない。しかし家族制度自体については少なくない研究蓄積があり、[5]それをジェンダー視点から読み直すことで、一定の見通しを得ることは可能だと思われる。ここでは、中国史における家族と生殖の変遷を時代ごとに概観することを試みよう。

前近代中国の家族制度と生殖[6]

周代（前十一世紀から前八世紀）に成立したとされる宗法制は、支配層の家族制度に関わる理念であり、当時の実効性には多くの疑問が出されているが、中国社会の家族のあり方のモデルとして後の時代まで大きな影響力をもった。父系の祖先を同じくする親族集団を宗族といい、宗族を律するきまりは宗法と呼ばれて、本家・分家の別や長男が相続して祖先祭祀を司るなどの親族関係の秩序が定められていた。どの父系親族集団に属するかを示す姓は、人のアイデンティティーの中核で生涯変わることのないものとされ、漢代には庶民層もみな姓をもつようになった（ただし奴隷は姓をもたなかった）。結婚は夫方居住の族外婚で、結婚相手の女性は異姓から迎え、既婚女性も実家の姓を名乗り続ける。もし男子がいないときは、父系血統を同じくする同姓の男子を養子に取るものとされていた。こうした社会では、男子の後継者を得ることがなによりも重要となり、女児よりも男児を重視することが早くからおこなわれた。戦国時代末期の紀元前三世紀の『韓非子』には、男児が生まれたら祝い、女児なら殺すという記述が見える。

宋代に成立した朱子学では、君臣・父子・夫婦の別という上下の関係性をもった絆が、「三綱」という人間関係の秩序の根本として強調された。官僚（男性に限られた）は皇帝との関係において、男性は宗族内での位置によって、女性は誰の妻であるかによって社会的な位置を認知されるのである。「餓死は小、失節は大」とは、妻として宗廟で明確な位置を得て祀《まつ》られるために寡婦は飢え死にしても再婚すべきでない、とする朱熹の言葉だが、こうした考え方は貞節を極端に重視することとなって女性を縛っていった。明清になると、夫が亡くなってから三十年以上再婚せずに貞節を守った女性は、「節婦」として地方志に名を記されたり牌坊を立てられたりして、彼女個人だけでなくその家の道徳の体現として顕彰された。現実には寡婦の再婚は、生活のためもあって広くおこなわれていたが、それを指弾する理念は庶民層にも行き渡って女性たちを苦しめた。こうした朱子学が、日本や朝鮮にも伝わって正統の学問とされ、日本や朝鮮の女性や男性をも厳しく縛ることになった。

伝統中国社会では「不挙子（子を挙げず）」という産まれた子供を育てない出生調整が広くおこなわれていたが、こうした嬰児殺しは清代には「溺女」と呼ばれるようになり、明白にジェンダーの刻印が押される行為となった。貧しい家だけでなく、豊かな家も結婚の費用をおもんばかって「溺女」をおこなった。伝統中国社会ではこのような性差別を組み込んだ出生調整がおこなわれており、生殖は儒教的家族制度の論理によって支配されていた。

とはいえ朱子学的な名分論では、夫婦は（夫を優位として）一体であるとされており、父が死亡したり不在であるときは、母が父を代表して子に対して絶対的な権力をもつことができた。『紅楼夢』の賈太母のような、家庭内で大きな権力を振るう母の存在が稀でないのは、こうした家族秩序によるものである。民間のたくさんの家族にそのような力をもった母がいるという基盤のうえに、西太后の権力が出現したといえる。彼女は、母としての資格をもって皇帝を導いていたのである。

近現代における家族の変革と生殖⑺

一九一二年にアジア初の共和国である中華民国が成立した後、青年知識人たちは、家族制度に関わる議論を活発に展開した。呉虞「家族制度は専制主義の根拠たるの論」（「新青年」第二巻第六号、一九一七年）がいみじくも表題に掲げるように、封建的な家族制度こそが辛亥革命で三綱五倫の筆頭の君臣の義が消滅した後の二綱四倫の要であり、その改革は社会変革の中心だと位置づけられたからである。性道徳のあり方や、恋愛や離婚の自由について熱い論議が交わされ、儒教的な家族制度に代わるべき近代的な家族と男女の性や愛のあり方が模索された。当初議論に参加していたのは、魯迅や胡適をはじめとする男性の知識人たちで、彼らにとって女性問題、すなわち女性との関係性のあり方は、生き方の根幹に関わる問題であった。同時に、救国の志に燃える彼らにとって、纏足に代表される抑圧された女性のイメージは遅れた中国の象徴となり、ぜひとも解放されなければならない存在とされて、女性解放は中国の近代的変革の中心的課題とされていった。中国の近代的変革を担う中心的な政治勢力となった中国国民党と中国共産党は、ともに男女平等と女性解放をその大きな目標に掲げた。中国の家族改革・女性解放は政治主導・男性主導で展開されることになり、共産党は女性解放に必要な女性の経済的基盤の確立は政治体制の変革によって達成されるとして、女性の革命への動員を進めた。

一九四九年に中華人民共和国が成立し、人民政府は封建制の打破を掲げ、男女平等の実現を目指してジェンダー構造の変革に熱意をもって取り組んだ。建国直後に公布施行された婚姻法は、封建的家族関係を全面的に変革して男女双方の愛情と平等を基礎とした家族を創出することを目指し、大々的に展開された婚姻法貫徹運動によって全国の隅々にまで浸透していった。まもなく共産党政権は、商工業の社会主義改造をおこなうとともに農業集団化を進め、中国は社会主義化していく。女性の社会進出も進められ、女性も工場や人民公社での労働に参加することになって、伝統的な男女の「内外の分」は打破された。しかし相変わらず家事・育児の大半を担っていた女性には、厳しい二重負担ものしかかってきた。

経済体制が社会主義化して計画経済に移行するのを背景に、生殖も自然に任せるのではなく計画的に出産しようと「計画生育」が提唱されて、一九五〇年代後半からバース・コントロールの普及が政府によって推進され始めた。建国後のベビーブームによる人口圧力のもと、生殖の管理は国家の重大事であるという考え方がコンセンサスを得て、政治が生殖問題に強く介入するようになる。その後、中国の人口政策は二転、三転するが、性と生殖に関わる領域に政治が介入する構造はずっと継続した。

都市では、女性の労働力化のなかで、仕事と家事の二重負担を担う女性たちは計画生育を歓迎し、一九六〇年代にバース・コントロールがかなり普及した。農村における計画生育は、七〇年代に本格的に進展する。貧しさのなかで多くの子供を育てられない農民は、それを受け容れていった。とはいえ多子・男児願望が強かった中国農村でバース・コントロールが普及したのは、人民公社期の農村合作医療によるプライマリ・ヘルスケアの向上、それによる乳幼児死亡率の低下と医療ネットワークの整備という基盤のうえに、政府による強力な計画生育の宣伝・動員があったからである。計画生育は、多くの子を産み育てよという伝統的家族制度の圧力から女性を解放するものでもあった。中国の出生率は、七〇年代に急速に低下した。

一九八〇年代以来、改革開放政策によって社会主義体制が変化しても、強い人口圧力の下で生殖の国家管理は依然として続き、「一人っ子政策」として強化された。当初は大きな摩擦も起こした「一人っ子政策」だが、二十一世紀に入った中国では合計特殊出生率は二人を割り、今後は少子高齢化が問題となるまでになっている。現在、都市の一人っ子同士のカップルは二人生むことが許されるが、多くは一人しか子供をもとうとしない。中国のジェンダー構造は、二十世紀の間に大きく変化したのである。

おわりに

本章では、歴史教育の中国史分野における女性とジェンダーをめぐる現状と課題について考えてきた。中国史、ひいてはアジア史は、日本史や西洋史以上にたくさんの課題を抱えているというべきである。日本社会のジェンダー構造が、いまだに中国に淵源をもつ儒教的な家族制度に大きく規定されており、現在の日中間をはじめとする日本とアジアとの関係には、意識されているにせよいないにせよ、ジェンダーの問題が大きく関与していることを考えると、こうした状況のもたらす問題は深刻だといえる。これは時間がたてば自然と解決されるものとも思えない。改善のための意識的・計画的な努力が必要だろう。(8)

注

(1)『世界史B新訂版』(実教出版)は、「七世紀末、高宗の皇后則天武后(武則天)は、いちじ皇帝となって国号を周とし、制度・地名なども改めた。唐の復活後も中宗の皇后韋后が実権をにぎり、外戚が勢力をもったが〔註〕、次の玄宗の即位以後、初期の政治体制が回復し、対外関係も安定して(略)」として、〔註〕で「これらのできごとを総称して武韋の禍ともいうが、これは、女性が政治に参与することを否定する儒教思想にもとづいた表現である」と解説する。〔註〕は女性の政治参与を否定する儒教思想を批判しているようだが、本文の記述は、それは初期の政治制度を逸脱した混乱だ、という印象を与えることは否めない。
(2)『新詳世界史B』(帝国書院)だけが、「儒教批判と自由恋愛」というトピックで、「欧米における男女同権の思想も受けて、「儒教の理想とする家族制度は、男性による女性支配をささえるもの」という批判が強まった。そのため、このころから自由恋愛を理想とする考え方も広まった」と述べている。
(3)大学の中国近現代史のテキストにすることを念頭に執筆されたという久保亨/土田哲夫/高田幸男/井上久士『現代中国の歴史――両岸三地百年のあゆみ』(東京大学出版会、二〇〇八年)は、婚姻法に全く言及していない。
(4)なお、中国の歴史教科書は、全体として日本よりも近現代史を重視した構成になっており、また政治史を中心に記述されている。則天武后・西大后については全体として記述が詳しいだけに近年の研究成果が反映されているが、ジェンダー史・女性史に関する記述はほとんどない。日本の指導要領に相当する「歴史教学大綱」「歴史課程標準」にも、ジェンダーに配慮するような観点は見えない。本章注(8)で述べるようなジェンダーに深く関わる日中間の懸案についても、双方のジェンダー視点が不十分なことが問題の解決を難しくしている側面がある。
(5)とりわけ有用なものとして、滋賀秀三『中国家族法の原理』(創文社、一九六七年)。
(6)以下は、よく知られた事柄のジェンダー視点からの書き換えの試みである。個々に参考文献を挙げるになじまないが、とりあえず『歴史学事典』(弘文堂)の「女児殺し/溺女」「宗族」(以上、第十巻、二〇〇三年)、「宗法」(第九巻、二〇〇二年)の項目とそこに挙げられた関連文献などを参照されたい。筆者は前近代史の専門家ではなく、多くの誤りを犯していることを恐れるが、よりいい記述のための呼び水となれば幸いである。

（7）以下、近現代については、小野和子『中国女性史――太平天国から現代まで』（〔平凡社選書〕、平凡社、一九七八年）、坂元ひろ子『中国民族主義の神話――人権・身体・ジェンダー』（岩波書店、二〇〇四年）、末次玲子『二十世紀中国女性史』（青木書店、二〇〇七年）、小浜正子「生殖コントロールとジェンダー」（飯島渉／久保亨／村田雄二郎編『シリーズ二十世紀中国史 三――グローバル化と中国』所収、東京大学出版会、二〇〇九年）、同「非合法堕胎から計画生育へ――建国前後の性と生殖をめぐる言説空間の変容」（日本上海史研究会編『建国前後の上海』所収、研文出版、二〇〇九年）などを参照のこと。

（8）日中間をはじめとする日本とアジアとの関係における懸案として、本書の他の章でも言及されている日本軍性奴隷制（いわゆる「慰安婦」）をめぐる問題がある。現行の高校世界史教科書でこの問題に関する記述が少なくなっているだけでなく、前掲の概説書『現代中国の歴史』でも、日本軍の性暴力（「慰安婦」を含む）については全く言及されていない。同書の執筆者たちが「日本軍による性暴力は存在しなかった」と考えているとは思えないが、にもかかわらず記述がないのは、無関心のためだろう。しかし最新の研究成果を反映したとする同書に記載がなければ、日本軍による性暴力はなかったと学界で考えられていると誤解される恐れがある。

第5章

高校世界史教科書にみるジェンダー

三成美保

はじめに

高校世界史教科書は変わった。ずいぶんカラフルになった。豊富な図版、ユニークなコラム、工夫を凝らした導入部。内容も充実している。非西洋社会の叙述が増え、クローン羊ドリーやアメリカ同時多発テロ事件など、ごく最近の出来事まで盛り込まれている。人の交流とモノの流通に重きを置いて、日本との関係、世界を全体として眺める視点、少数民族の苦難など、かつては歴史の片隅に追いやられがちだった人々に関する記述も多い。では、女性はどうか。ジェンダーへの配慮は十分だろうか[1]。

答えはそう簡単ではない。第一に、教科書によってかなり異なる。第二に、分野による差が大きく、ほとんど近代欧米に限定されている。第三に、固有名詞で登場する女性は相変わらず少ない。しかし、変化の兆しは確実にある。「ジェンダー」「フェミニズム」に言及する教科書も現れた（表1を参照）。以下では、ジェンダーや女性に関する事項を「ジェンダー・トピック」と呼び、世界史教科書での「ジェンダー・トピック」の現状と今後の課題を示したい[2]。

表1　教科書のなかのジェンダー・トピック

ジェンダー・トピック	教科書（略称）A＝9点／B＝8点
ジェンダー	東書B・山川現A
フェミニズム	山川詳B・東書B
ウーマン・リブ	東書A
女性解放運動・女性解放	山川新B・帝国B・東書B・東書新B・山川現A・帝国明A・三省A・東書A
性別役割分担・性別分業・公私分離	山川新B・帝国B・東書B・東書新B・山川現A・帝国明A・三省A・東書A
男女の二重規範	実教B
産児制限	第一B
ナポレオン法典の家父長制	実教B・帝国明A・実教A・三省A
同性愛	帝国B（レズビアン・ゲイ解放運動、ナチス期の男性同性愛者差別）・清水B
マリア信仰・マリア崇拝	東書B・清水B
グージュ	第一B・東書新B・実教B・帝国明A・実教A・三省A・東書A
ウルストンクラフト	実教B・山川現A・東書A
シャネル	第一B・帝国明A・清水A・東書A
カルティニ	東書新B・三省A・東書A

1　高校世界史教科書のいま

世界史Aと世界史B

世界史Aは、一九八九年度の学習指導要領改訂（一九九四年度施行）にともなって導入された。このとき、「社会」が「公民」と「地理歴史」に分けられ、世界史が必修とされた。また地歴科目にはそれぞれA・Bが設けられた。一九九八年度改訂（二〇〇三年度施行）の「ゆとり教育」導入にともない、地歴科目で世界史Aを必修とする学校が増えた。今日、世界史Aの教科書採択率が六二パーセントである（二〇〇八年日教販）。現行の学習指導要領解説によれば、世界史Aは「近現代史を中心とする世界の歴史」を取り上げて「現代の諸課題を歴史的観点から考察させること」をめざし、世界史Bは

「世界の歴史の大きな枠組みと展開」を取り上げて「文化の多様性・複合性と現代世界の特質を広い視野から考察させること」をめざす点で両者は異なる。指導要領は、Bに「各時代の人々の生活や意識を具体的に理解できるようにし、政治史のみの学習にならないようにすること」、A・Bともに「政治、経済、社会、文化、生活など」への配慮を求める。二〇〇九年度改訂の新学習指導要領（二〇一三年度施行）は、これらに加えて地理との融合をはかることをめざしている。

ジェンダー史については、世界史Aにユニークな記述が多い。だが、世界史Aは近現代史中心なのでジェンダー史への言及が可能であるという指摘は、必ずしも正確ではない。世界史Aは二単位配当であるため総じてページ数が少なく、近現代史にあてるページ数はAもBもそれほど変わりがない。また、「現代の諸課題」を意識させる一つとしてジェンダーや女性差別を入れやすいとも考えられるが、配慮に乏しい教科書もある。ジェンダー史への取り組みの差は、やはり執筆者と出版社の姿勢を反映したものと言わざるをえない。

ジェンダー・トピックの現状

「ジェンダー・トピック」をタイトルにかかげるコラムや本文はいくつかある。たとえば、「女性と産業革命」（山川新B）、「女性からの要求を退けたフランス革命」「女性の地位と意識の変化」（第一B）、「女性と奴隷にとっての民主政」「市民社会と性別役割分担の定着」「儒教批判と自由恋愛」（帝国B）、「生活と家族の変化」「女性参政権」「ジェンダー」（東書B）、「女性解放運動」（東書新B）、「古代ローマの家族とその変容」「マリア崇拝の形成」「女性議員の誕生と女性参政権」（清水B）、

「ナポレオン法典と女性の権利」「女性参政権」（実教B）、「女性と国民統合」（第一A）、「男性は女性の敵?」「女性の社会進出とファッション」「子どもと女性の地位の変化」（帝国明A）、「ルイ太陽王をめぐる女性」「ココ＝シャネルとファッションの美学」（清水A）、「教育と女性」「女性解放」「工場労働と女性」「戦時下の女性と社会生活」（東書A）。問題は、①教科書一冊で取り上げられるトピック全体からすると「ジェンダー・トピック」は圧倒的に少ないこと、②選ばれるトピック・テーマにある種の偏りがあること、③コラム・注の扱いが多いことである（詳細は章末の表2を参照）。

①人物コラムが比較的充実している帝国明Aでも「人物エピソード」全百六件中で女性は十五件、「ジェンダー・トピック」が多い東書Aでも本文見出し三百四十九件中で「ジェンダー・トピック」見出しはわずか二件、コラム・本文・注・図版などで「ジェンダー・トピック」に言及しているものを含めても十三件にとどまる。ほかの教科書もほぼ同じで、「ジェンダー・トピック」は一教科書中多くても三十件に満たない。

②「ジェンダー・トピック」の取り上げ方には、明らかに偏りがある。「政治参加」偏重と「主体性」軽視である。どの教科書も「古代ポリスの女性排除（あるいは男性限定）」と近現代の「女性参政権」を取り上げる。「ジェンダー・トピック」として最も重視されているのは「女性の政治参加」なのである。しかし、「女性の政治参加」を女性解放運動の成果として記す教科書は少ない。大半は、「女性参政権」を「総力戦下での女性動員」の見返りとして位置づけている。「産業革命下での女性労働の搾取」についても、ほとんどの教科書が図付きで言及するが、そこに「女性の主体

性」をうかがうことはできない。

③「ジェンダー・トピック」は、本文よりもむしろコラムや注・図版での記述が目立つ。コラムといっても千差万別で、一ページを割くコラムもあれば、注記と変わらないコラムもある。前者の場合には「新しい問題群」として引き立たせる効果があるが、後者の場合には「おまけ（非本質的なもの）」という誤解を与えかねない。

2 ジェンダー視点からの世界史教科書の充実にむけて

世界史教科書をジェンダー視点から問い直すには、二つの方向がある。第一は、現路線を発展させ、「本文見出し」あるいは「特集コラム」（一―二ページのコラムを便宜上こう呼ぶ）を活用する作業である（付加作業）。第二は、本文叙述の全面的な見直しである（全面改訂）。現段階では、第二の作業を遺漏なくおこなえるほどジェンダー史の研究成果は多くない。本来、両者は並行して進められるべき作業だが、現実問題としては、第一の作業を優先し、ある程度の見通しが立った時点で第二の作業にとりかかるのが合理的だろう。

付加作業

「付加作業」には、三つの取り組みがある。①各文化での「女性解放運動」を本文見出しで取り上げる。②各文化・各時代における「○○と女性（ジェンダー）」を本文見出しで叙述する。③比較文化史あるいは通史として重要なテーマを特集コラムで論じる。

①身分・階級・人種・民族といった差異化要因と同等に、あるいはそれ以上に、「性（ジェンダー）」という差異化要因は社会の性格を決定づけてきた。したがって、家父長制支配からの女性の解放は、身分制否定としての市民革命、階級差別への異議申し立てとしての社会主義、帝国主義への抵抗としての民族運動と同等に位置づけられるべき重要項目である。

②「ポリスと女性」「市民革命と女性」「工業化と女性」「女性参政権」「総力戦と女性」については、ほぼどの教科書も言及している。しかし、本文見出しや特集コラムでの扱いは少なく、小さな枠囲みコラムや本文での断片的言及が多い。歴史上の出来事を数百にものぼる見出しで叙述しながら、右述のテーマにかぎって唐突に「女性」という文言が登場するのには強い違和感を覚える。ほかの時代と文化でも女性はつねに人口の半分を占めていたのであり、それぞれの歴史をもっていたはずである。

③特集コラムについては、日本史教科書にユニークなものが多い。「女性の社会史」として「古代の女性」「所領の相続と女性」「町人の結婚」「異国に眠る女性たち」という四テーマ（各一ページ）を取り上げる（『高等学校　日本史B　改訂版』清水書院）、各二ページで「絵巻物」「法制」での女性の位置づけを記述する（『高校日本史B　新訂版』実教出版）、などである。世界史の場合、既存の特集コラムのうち、「教育と女性」「ファッション」「マリア崇拝」は新しい方向性を示している。

今後求められるのは、性差別の歴史的構造に関する叙述である。性支配システムとしての「家父長制」、人間社会の基礎単位である「家／家族」、民族伝統や身分制・階級制を存続させるための「性と生殖」戦略、識字層が少なかった時代の「図像」活用、総力戦以外の「戦争」と「男性性（マスキュリニティ）」、女性蔑視や賤民差別を構造化した「宗教規範」、モノの移動と陰に陽に結び付きながら展開された人の強制的移動（「人身取引」）などは、有益な特集コラムになるだろう。

ジェンダー視点からの全面改訂に向けて

教科書を「ジェンダー視点」で問い直すには、特別な技術は必要ではない。①歴史主体を明確化し、②近代的認識で「私」的領域とされる現象を本来の位置に戻せばいい。

①既存の教科書で「主体」が明示されない場合には、当然のように「男性」を含意している。また、「ひと」は「男性」であり、「女性」は含まれない。身分・階級・人種と同様に、性差に配慮して、「誰」に関する記述かを明記する必要があるだろう。男女に差異がなければ、そう明記すればすむ。「主体」記述に敏感になれば、個人名で記される女性数もおそらく増えるだろう。女性が主体的に歴史に関わった事例をできるだけ多く取り上げることは、「二十一世紀の最重要の課題」（男女共同参画社会基本法前文）とされた男女共同参画の趣旨に合致する。

②近代歴史学で「私」的領域として叙述対象からはずされた事象のなかには、人間社会の営みの本質に属するものが多い。それらに対し、各文化に即してしかるべき地位を与えなければならない。たとえば、「家／家族」「性と生殖」は時代と文化を問わず、すぐれて政治的な事象である。各社会のジェンダー規範が科学・文学・図像を通じて普及したという意味では、文化史上の重要テーマで

もある。家族やセクシュアリティは、人口変動や生産・消費構造を規定する点では経済史の必須事項であり、生活に直結するという意味では社会史の重要テーマである。こうした位置づけの変更は、「社会、文化、生活」記事を盛り込むよう要請する学習指導要領の趣旨にも即している。

おわりに

一九七〇年代後半、社会史論争があった。政治史に対するアンチテーゼとして登場した社会史は、歴史の見方を豊かにした。当時の社会史の主導者たちが現在、教科書執筆者として名を連ねる。しかし、そこにジェンダー史・女性史の専門家はほとんどいない。そもそも女性執筆者が少ない。ジェンダー史は、歴史の見方を大きく変える力をもつ。いまはまだ一部教科書にとどまる先進的な取り組みは、やがて当たり前のことになるだろう。

教育での「ジェンダー主流化」（ジェンダー視点の導入）は、いまや国際社会が共有する課題である。学習指導要領がうたう「国際社会に主体的に生きる日本人としての自覚と資質を養う」ための教育を提供できるかどうかは、世界史教科書にジェンダー視点を貫徹できるか否かにかかっているといえるだろう。

注

（1）現時点でのジェンダー史研究の成果として、明石書店のシリーズ『ジェンダー史叢書』（全八巻、二〇〇九―一一年）を参照。

（2）利用した教科書とその略称名は表2に示した。

表２　教科書の中のジェンダー・トピック

略称名	教科書名・出版社・出版年・執筆者・判型・総ページ数（索引含む） ◆ジェンダー・女性に関するコラム／◎本文でジェンダー・女性に言及／○注・図キャプションで言及／●図・写真つき人名 【　】は見出しタイトル、数字は掲載ページ、ゴシックは本文ゴシック体、［　］は注あるいは図キャプションからの引用、《　》は図版タイトル
山川詳Ｂ	『詳説世界史Ｂ・改訂版』（山川出版社、2010年）、佐藤次高／木村靖二／岸本美緒／青木康／水島司／橋場弦（編集協力者：高校教諭２人）、Ａ５判・412ページ
コラム	◆９【（巻頭特集）世界史への扉①：世界史のなかの子どもたち】（全４ページ・図版５点）「子ども期の発見」、古代の子どもたち、子どものしあわせと悲しみ
本文	◎42【ペルシア戦争とアテネ民主政】市民団のなかでは政治的平等が徹底している一方で、奴隷・在留外人・女性には参政権がなかった。 ◎223【資本主義体制の確立と社会問題】分業がすすんで、女性や子どもも鉱山で働くことが可能になったが……。 ◎375【現代文化】現代文化の思想的枠組みは、19世紀末からあらわれたヨーロッパ近代への批判や、近代市民社会への懐疑からうみだされた。近代産業社会がもたらす人間の不安や孤独が注目され、近代市民文化がもつヨーロッパ中心思考や、それが内包する性差別・人種差別、ヨーロッパ文明の史歩への楽観的信頼が批判された。とりわけ性差別批判では、20世紀後半のフェミニズム運動の役割が大きい。
注・図版	○195【対抗宗教改革】**魔女狩り**→［注］犠牲者の大半は女性であったが、男性も含まれた。 ○215【三角貿易】［図］《18世紀イギリスのサロン》［奴隷貿易国イギリスには、黒人もくらしていた］ ○273【国内動乱と近代化の始動】**纏足**→［注］小足とする風習。漢人のあいだにひろくみられた。 ○301【戦時外交と総力戦】［図］《需工場で働くアメリカの女性》 ○313【日本の動きと民族運動】［図］《三・一運動》［…女子学生のデモ］
山川新Ｂ	『新世界史Ｂ』（山川出版社、2010年）、柴田三千雄／弓削達／辛島昇／斯波義信／木谷勤／近藤和彦／石橋崇雄／大津留厚／高山博／中野隆生／林佳世子（うち高校教諭０人）、Ａ５判・424ページ
	◆250【女性と産業革命】産業革命以前のヨーロッパでは、庶民にとって生

コラム	産や家事に性別の区別はなかった。…工場制度が普及し、職住が分離すると、男性が外で収入を持ち帰り、女性が家事を担当する形が一般的となった。…経済活動では自由主義的なブルジョアは、家庭内では専制的な家長となり、女性の地位はむしろ低下した。19世紀末に女性の政治的・社会的権利の獲得をめざす女性解放運動がおこるのは、中産階級の女性たちからだった。
本文	◎35【ペルシア戦争と古代民主政の完成】ペリクレスはアテネ市民権を、両親ともアテネ人である18歳以上の男性に限定し… ◎140【ヒンドゥー社会の地方的発展】その時代ヒンドゥー教では女性の性力（シャクティ）を神格化した女神信仰が強まり…→［図］《カジュラーホーのチトラグプタ寺院に残る睦み合う男女像》 ◎333【変貌する工業社会】…国民総動員の結果、戦後には大衆の政治的発言力が強まった。男性普通選挙はどこでもあたりまえになり、多くの国で女性も参政権をえた。（注で参政権獲得年を記載）
第一B	**『世界史Ｂ・人、暮らしがあふれる歴史・改訂版』（第一学習社、2009年）、向井宏／秋田茂／石井修／川口靖夫／佐藤眞典／曽田三郎／田中泉／中村薫／吉川幸男／吉田雄作（うち高校教諭２人）、Ｂ５判・288ページ**
コラム	◆２【（巻頭特集）服装にみる世界史】［図］《エジプトの女性》《唐代の宮女》《エリザベス１世》《ポンパドゥール夫人》《シャネルスーツ》 ◆146【新しい食事文化】16世紀中ごろ、…カトリーヌが迎えられて以来、フランス料理が発展し、優雅なテーブルマナーが生まれた。 ◆165【女性からの要求を退けたフランス革命】女性たちはヴェルサイユ行進で主役を演じたが、革命期に一人の女性議員も誕生しなかった。男性だけを対象とした人権宣言…を皮肉って…グージュは、1791年に《女性と女性市民の権利宣言》を書いた。ナポレオンの民法典は家族の尊重を説き、妻に対して夫への服従義務を定めた。［図］《女性たちの政治クラブ》 ◆219【女性の地位と意識の変化】第一次大戦中に貴重な労働力として貢献した女性たちは、新しい意識や自覚をもち、大戦後、社会に進出するようになった。1920年代のアメリカでは女性参政権の成立、産児制限の普及などによって女性の地位が向上し、女性は男性とともに、いろいろな職場に進出していった。…新しいファッションが流行した。［図］《女性の職場進出》
人物コラム	●サッフォー《世界最初の女流詩人》［良家の子女を集めて教育］、●則天武后《中国唯一の女性皇帝》［ライバル…をおとしいれて皇后となり］、●ジャンヌ＝ダルク《フランスを救った少女》［異端…聖女］、●ローザ＝ルクセンブルク《ドイツの女性革命家》［指導的活動家…反戦論を主張］
本文	◎39【スパルタとアテネ】…女性や居留外国人は政治から排除され、多数の奴隷が家庭や農場、手工業、鉱山などで幅広く使用された。

本文	◎163【立憲王政の成立】1789年10月、武装した女性たちを中心にパリの民衆がパンを求めてヴェルサイユに行進した。［図］《ヴェルサイユ行進》 ◎226【トルコ革命と西アジア】ケマルは大統領に就任し、…女性参政権の実施…などの近代化政策を推進した。
注・図版	○194【イギリスのインド支配】寡婦殉死（サティー）→［注］女性（寡婦）が夫の遺体を焼く火のなかに飛びこんで殉死 ○213【第一次世界大戦】［図］《軍事工場で働く女性（イギリス）》 ○223【中国の五・四運動】［図］《五・四運動》［五・四運動では、女子学生たちも活躍した…］ ○223【朝鮮の三・一独立運動】［図］《三・一独立運動》［市内を行進する京成の女子学生たち］
帝国Ｂ	『新詳世界史Ｂ』（帝国書院、2009年）、川北稔／重松伸司／小杉泰／杉本淑彦／桃木士朗／青野公彦／清水和裕／吉澤誠一郎／杉山清彦（うち高校教諭１人）、Ｂ５判・293ページ
コラム	◆17【視点をかえて：女性と奴隷にとっての民主政】市民の母・妻・娘である女性たちは、市民身分になっていたが、参政権を認められず民主政から排除されていた。…ポリスの民主政は、直接民主政であっても、現在とは大きく異なるものであった。 ◆138【視点をかえて：魔女とされた人々】犠牲者の大半は、日ごろも共同体からつまはじきにされていた弱者であった。 ◆196【視点をかえて：市民社会と性別役割分担の定着】ヴィクトリア時代のイギリスでは、女性の生き方について、一つの固定的な味方ができあがった。女性は政治などにかかわる公的な場面ではなく、私的な生活にその役割があるとするものである。［図］《19世紀の理想的な女性像》 ◆223【Topic 儒教批判と自由恋愛】欧米における男女同権の思想も受けて、「儒教の理想とする家族制度は、男性による女性支配をささえるもの」という批判が強まった。… ◆259【視点をかえて：カウンター・カルチャー（対抗文化）】…公民権運動に影響され、女性解放運動や、レズビアン・ゲイ解放運動、ヴェトナム反戦運動、大学運営の権威主義を批判する大学紛争がおこった。…
本文	◎15【エーゲ文明とポリスの形成】市民は成年男子に限られ…女性・外国人・奴隷は政治から排除され、とくに奴隷は人格を認められず、市場で売買された。 ◎154【資本主義の強化】工場制機械工業による大量生産が定着すると…賃金の安い女性や子どもが雇われることも多くなった。こうした状況のなかで、しばしば工場法が出されて、労働時間の短縮、児童や女性の労働条件の改善がはかられた。 ◎160【革命の展開とその意義】フランス革命は、身分制社会のわく組みを

本文	こわし、…革命派の提唱した**自由・平等・基本的人権**などの理念は、近代世界の根底をなす理想として、今日まで生きている。→［注］**人権宣言**：歴史のなかでは画期的な宣言であったが、現実には女性や奴隷の解放などには、かなりの時間を必要とした。［注］**ヴェルサイユ行進**：女性を中心に…。 ◎215【総力戦下のヨーロッパ】総力戦体制がととのえられ、…出征した青年男性にかわって、青少年と女性が工場などで働く姿が見られるようになった。…とくに**女性の社会進出**に伴って、**女性参政権**を求める声が強くなった。［図］《女性運転手の登場》
注・図版	○59【唐とユーラシアの変動】→［注］**「武韋の禍」の時代**：女性が政治に介入した一連の政治変動を否定的に評価して、のちに「武韋の禍」とよばれるが、実際の則天武后の時代は比較的統治が安定し、政治改革の進んだ時期であった。 ○88【百年戦争とばら戦争】→［注］**継承戦争の背景**：封建社会では女性にも所領の相続権が認められており、相続権をもつ女性との結婚は所領を拡大するための重要な手段であった。［図］《ジャンヌ・ダルク裁判》 ○91【教皇権の変容】→［注］**魔女裁判の拡大**：身近にくらす女性を魔女と断定し、告発する魔女狩りが本格化するのは15世紀の末ごろからである。 ○185【経済・社会の変容［南アジア］】→［注］**因習の改革**：サティー（寡婦殉死）の禁止令や寡婦再婚法の制定、幼児婚の規制などを管区政府が行った。［図］《殉死した妻たちの掌紋》 ○189【連鎖する地方反乱とその鎮圧】→［注］**太平天国の主張**：…辮髪や纏足といった習俗も禁止した。 ○235【ナチ党の政権掌握】ナチ党は、このような主張を、大衆運動を通じて展開した→［図］《ナチ党の記録映画を撮影する監督リーフェンシュタール》 ○240【ヨーロッパの戦争】→［図］《ワルシャワのゲットー（ユダヤ人街）から強制収容所に送られるユダヤ人》［ナチスはユダヤ人・スラヴ人以外にも、ロマ（ジプシー）や男性同性愛者を強制収容所に送った］、［図］《イタリアのパルチザンに参加する女性たち（1944年）》 ○272【文化の交流と摩擦】→［図］《フランスの移民３世によるデモ》［ムスリムの女性が公教育現場でスカーフを着用する是非をめぐる摩擦も深刻になっている］
東書B	『世界史Ｂ』（東京書籍、2007年）、尾形勇／後藤明／桜井由躬雄／福井憲彦／本村凌二／山本秀行／西浜吉晴（うち高校教諭１人）、Ａ５判大、424ページ
コラム	◆39【ギリシア演劇とポリスの市民】演技をするのは男の役者３人… ◆207【二つの香妃の墓】「もう一つの香妃の墓」が、いまなお少数民族の間で大切にされている… ◆244【科学革命と魔女裁判】近代生理学を開いたハーヴェーが魔女裁判で

コラム	女性の身体検査にあたったように、「危機の17世紀」は魔女狩りがさかんに行われた時代でもあった。 ◆258【生活と家族の変化】家族の理想像にも変化が生じた。男性は賃金収入で家計を支える役割を、女性は家庭の維持を第一とする従属的な役割を与えられた。…賃金のない家事労働は低く見られるようになった。…男女の賃金格差は大きかった。…賃金格差の撤廃は20世紀末近くまで実現しなかった。 ◆328【(章扉記事) 第19章世界戦争の時代】…電気冷蔵庫や電気掃除機などが登場し、いくつかの国々で女性が職場や政治に進出しはじめたのが、1920年代であった。[図]《第一次大戦中のポスター》[Women come and help]、《第一次大戦中の雑誌》[主婦の友：勝つための戦争生活] ◆339【女性参政権】どうして、教科書に出てくる人物は圧倒的に男性であり、女性の君主や政治家が少ないのだろうか。その理由の一つは、政治など公の世界が男性の領域とされてきたことにある。…身分による格差や特権を否定した近代の社会で、かえって政治や仕事は「男の世界」、家庭や育児は「女性の領分」とする性別役割分業が強化されていった。…女性参政権は、女性運動の成果ではあったが、世界戦争の時代とも深くかかわっていた…。[図]《女性参政権獲得のために投票をよびかける女性》
本文	◎39【ペルシア戦争と民主政】ほとんどの公職が市民から籤で選ばれ、成年男性市民のすべてが集まって議決した。 ◎88【冊封体制と世界帝国】冊封は上下関係のきびしい君臣関係（君臣の礼）によって秩序づける方式であったから、これが実情にあわない場合には、義理の父子・兄弟の関係を約束するなど、家父長制的な関係（家人の礼）が適用された。 ◎152【中世の農民生活】庶民の信仰は、マリア信仰や…などにみられるように、土俗的色彩の濃い信心のうえに、キリスト教の要素がつぎあわさったものであった。 ◎179【ムガル帝国の発展】彼［＝アクバル］はまた、…ラージプート諸侯と婚姻関係を結んで、彼らを軍に組み込み…。 ◎199【宋の社会と文化】元曲の代表作品としては、封建的な束縛に抗して自由な恋愛をえがく『西廂記』、匈奴に嫁いだ王昭君の悲劇を劇化した『漢宮秋』、琵琶を弾きつつ出世した夫との再会を果たす女性を主人公とした『琵琶記』などがある。 ◎229【自立するイギリス】王妃との離婚を教皇に反対されていたヘンリ8世は、…イギリス国教会を成立させ、教皇と絶縁した。 ◎240【プロイセンとオーストリアの近代化】女子の相続に反対する声があがると、プロイセンは、フランスとともにこれに同調して、オーストリア継承戦争がはじまった。 ◎243【近世ヨーロッパの社会】フランスの上流婦人が主催するサロンは、新しい思想の普及の場ともなり…

本文	◎258【社会問題と労働運動の誕生】低賃金の長時間労働や劣悪な労働環境の改善、女性や児童の酷使の廃絶、居住条件の改善などが、緊急を要する重大な**労働問題**であった。 ◎262【合衆国憲法の制定と領土拡大】合衆国憲法と同様に、その民主主義には先住民も、アフリカから連れてこられた奴隷も、そして女性も、権利を有する者として含まれてはいなかった。 ◎281【変容する社会】19世紀末から欧米各国で、**労働運動**や**農民運動**、**社会主義運動**が高揚した。女性参政権運動を中心として、**女性の解放**をもとめる運動も活発化した。 ◎332【戦争の長期化と総力戦】銃後の女性や植民地の住民を含めた総力戦体制をきずくことが勝敗を決する鍵となった。[図]《兵器工場で働くイギリスの女性たち》 ◎341【大衆政治の時代】各国は戦争協力の見返りに、参政権の拡大を約束し、女性の政治参加もすすむようになった。 ◎342【ヴァイマル共和国】革命的情勢を背景に制定された憲法は、成年男女の普通選挙権や、労働者の団結権、経営参加権を認めたもので、当時もっとも民主的な憲法といわれた…。 ◎396【20世紀の文化】20世紀後半には、欧米を中心に、性差別批判としてのフェミニズムが、批判として大きな影響力をもつようになった。[図]《サルトルとボーヴォワール》 ◎411【ジェンダー】20世紀後半から、社会に於ける男女間の差別をなくすことが強く主張された。…女性差別撤廃条約…男女雇用機会均等法…途上国における女性を差別する社会制度そもののの改変を求める「ジェンダーと開発［注]」プロジェクトが開発政策にとりいれられた。→［注］性別学的な意味で性差を示すセックスに対して、社会的・文化的な性差を意味する言葉 ◎411【市民運動の世紀】…ワンガリ＝マータイがノーベル平和賞を受賞した。自然環境と文化を守ろうとした一人の女性の市民運動を世界が認めたのである。
注・図版	○255【イギリスではじまった産業革命】[図]《イギリスの綿工場》[男性の現場監督のもと、力織機では多くの女性労働者が働いた] ○282【科学技術の大変貌】[図]《中央電話局の交換台》[…交換手は、女性のための就職口をふやした] ○317【東南アジアの知識人と民族主義】→［注］民族主義運動と女性解放運動の先駆者といわれるカルティニ… ○342【大英帝国の再編とフランス】第４次選挙法改正［注］→［注］1918年の第４次選挙法改正では、21歳以上の男性の選挙権と30歳以上の女性の選挙権が認められ、1928年の第５次選挙法改正では、21歳以上の男女すべてに普通選挙権が与えられた。

東書新B　『新選世界史Ｂ』（東京書籍、2007年）、相良匡俊／粕谷栄一郎／並木頼寿／山田美保／三浦徹／米澤光明／安藤英夫（うち高校教

	論4人)、B5判・263ページ
コラム	◆10【(巻頭特集) 世界史への扉3：服装】[図]《ヴェール姿の女性》 ◆14【(巻頭特集) 世界史への扉5：食材】[図]《紅茶を飲んでくつろぐ女工たち》 ◆187【歴史の窓：女性解放運動】…オランプ・ド・グージュは1791年、「女性と女性市民の権利の宣言」をかき、「女性は自由かつ権利において男性と同等なものとして出生し」と宣言した。…1804年にナポレオンが制定した民法では…女性は法律上、未成年と同様、いっさいの能力をみとめられなかった。…選挙権や、民法上の男女平等は、20世紀前半にほぼ達成された。しかし、身体上の差異を口実にした女性差別や、男女の役割を固定化して女性の活動をおさえようとする傾向に対して、現在でも反対運動がつづいている。
人物コラム	●クレオパトラ《悲運の女王》[…単独統治の野心…]、●テオドラ《皇后テオドラ》[…父は…庶民…。…つねに夫の相談相手となり、弱気な夫をはげました]、●エリザベス1世《よい女王ベス》[…独身を宣言することで、スペインやカトリックとの対決を選んだ]、●カルティニ《インドネシア民族主義の母》[女性が教育を受け、自分で生計をたて、夫に依存せず、結婚や多妻を強いられないようになることを理想としていだくようになった]、●《宋家の三姉妹》[…劇的な家族史]、●ジャンヌ＝ダルク《神の声を聞いたと主張する少女》、●アウンサンスーチー《民主化運動の活動家》
本文	◎32【アテネの民主政治】…市民権をもつものは少数で、奴隷はもちろんのこと、女性や、両親がアテネ生まれでないものは市民とみなされなかった。 ◎145【プロイセンとオーストリア】フリードリヒ2世は女子の相続に反対し、… ◎199【戦争の長期化と総力戦のはじまり】各国は、国民の消費をおさえたり、女性や植民地の住民を動員するなど、…総力戦の体制をきずいて戦争を戦いぬこうとした。 ◎187【人々の生活】男子はやがて兵士となる運命にあった。…女性は未成年と同じく保護の対象とされ、参政権などの社会的権利はみとめられなかった。 ◎213【保守主義の台頭】1920年には女性参政権が実現し、また、女性の就労率や高校・大学への進学率も大幅にのびた（アメリカ)。
清水B	『世界史B・100テーマで視る世界の歴史・改訂版』(清水書院、2009年)、鶴間和幸／上田隆之／上田信／大久保桂子／落合一泰／小島正／小林基男／設樂國廣／芝健介／島田誠／野村昌幸（うち高校教員3人)、B5判・252ページ
コラム	◆47【民衆の歴史4：古代ローマの家族とその変容】十二表法などローマの法律では、家族のなかで父親のもつ権限は絶対的なものとされていました。…このような古代ローマの人々の家族のあり方は、近代の学者や思想家たち

コラム	にも大きな影響を与えることになりました。…「家父長制」が、人類社会に共通に存在したと考える者もいました。…古代ローマの家族のあり方は、人間の社会や家族を理解するための鍵となる考え方を生み出したり、新しい議論を引きおこしたりしています。 ◆90【民衆の歴史６：徐カンディダ伝】洗礼名をカンディダというこの女性は、明末の知識人徐光啓の孫娘でした。…彼女は資金を提供して、西洋の自然科学書の翻訳作業を継続しました。このことからは、当時の女性が資金運用によって収入をえて、それを自由に使うことができたことがわかります。 ◆116【民衆の歴史８：マリア崇拝の形成】マリア崇拝は、キリスト教が恐怖の宗教から愛の宗教へと転換する時期に登場します。12世紀に入ってのことです。…11世紀までの教会は、女性を肯定的に評価することはありませんでした。…11世紀後半から西ヨーロッパの経済生活が安定してくると、人々の目は家族や家庭に向かうようになります。…母性を刺激し、キリスト教を民衆の女性に定着させるために、聖母マリアが強調されるようになったのです。 ◆158【民衆の歴史11：カフェと居酒屋】…カフェは男性同士の仕事の場でもありましたから、女性が花形のサロンと違い、男だけの世界をつくっていました。非政治的なサロンに対し、大いに政治談義が交わされたのも、カフェの特徴でした。 ◆170【民衆の歴史12：女性議員の誕生と女性参政権】今では当たり前となっている女性の選挙権は、近代前半までは無視されたままでした。人権宣言の市民とは、男性だけを指していたのです。…自覚的な女性たちがふえ、女性参政権の要求が、幅広い運動を組織できるようになるのは、19世紀も後半に入ってからです。…史上最初の女性議員は、1912年に当時オーストリアの一部であったボヘミア（現在のチェコ）州議会で誕生しました。［図］《女性参政権を求める活動家たち》 ◆184【民衆の歴史14：メキシコ革命と農民】［図］《革命軍の女性》
本文	◎77【都市文化と庶民の生活［宋代］】…纏足の風習が都市部から農村にも広がっていき、多くの女性を家内に閉じ込めるものとなった。 ◎125【イギリスの改革】議会は、工場法などをあいついで改正し、まず児童の、ついで女性の労働時間を短縮して、労働者の不満をかわした。 ◎198【ヴェトナム戦争と反戦運動の高まり】…ヴェトナム戦争に反対する運動（ヴェトナム反戦運動）は、世界各地で空前の規模で盛り上がり、既成の支配から疎外されていた社会的弱者やマイノリティー・女性・若者・同性愛者などにも社会的異議申し立てを促した。
注・図版	○160【総力戦と秘密外交】［図］《女性たちの勤労動員》［砲弾製造工場にも大勢の女性たちが動員された］ ○173【朝鮮の独立運動】［図］《三・一運動》［この少女（柳寛順）は…獄中死した］ ○179【人民戦線とスペイン内戦】［図］《女性の義勇兵募集のポスター》

実教B	『世界史B・新訂版』（実教出版、2009年）、鶴見尚弘／遅塚忠躬／小島淑男／太田幸男／相田洋／松本宣郎／木畑洋一／深見純生／三好章／江川ひかり／桂正人／小林共明／小川孝司（うち高校教諭3人）、A5判・415ページ
コラム	◆17【（巻頭特集）世界史への扉2：留学生がになう文化の交流】［図］《岩倉使節団と同行した女子留学生》［津田梅子］ ◆40【ポリスの特質】市民は原則として平等であったが、女性には市民権はなく、奴隷に人格は認められていなかった。 ◆240【ナポレオン法典と女性の権利】民法典の原則の一つは、家父長権の重視であり、妻は法的には無能力とされた。フランス革命の時代には、イギリスのウルストンクラフトの『女性の権利の擁護』やフランスのグージュの『女性の人権宣言』などが女性の権利を要求していたが認められなかった。19世紀のヨーロッパでは、夫と妻と子どもが愛でむすばれた家族という、近代の家族観がつくりだされた。だが現実には女性の権利はほとんど認められず、また、女性の側のみに貞淑を求める風潮（男女の二重規範）が社会にひろまった。 ◆319【女性参政権】…ニュージーランドでは、1893年に女性参政権がいちはやく認められた。しかしイギリスでは、19世紀末から女性参政権を求める運動が強まったものの、それが実現したのは1918年であり、男女の参政権が完全に平等になったのは1928年のことであった。フランスではさらにおくれ、1944年になってはじめて女性は参政権を得た。
本文	◎344【日本の植民地支配と抗日闘争】…従軍慰安婦として戦場に送られた人も少なくなかった。
山川要A	『要説世界史A・改訂版』（山川出版社、2010年）、木村靖二／佐藤次高／岸本美緒（うち高校教諭0人）、A5判・263ページ
本文	◎43【ギリシア人の世界】…この民主政治からは女性が除外され、社会の経済基盤も奴隷労働にささえられていた。 ◎102【産業革命の影響とその波及】また、資本家が利潤を追求するあまり、工場や鉱山では女性や子どもに長時間低賃金で働くことを強制したりした。［図］《都市環境の悪化》 ◎166【第一次世界大戦】また、工場での労働をはじめ、多くの場所で**女性**が**進出**した。こうした新しい戦争のあり方を**総力戦**とよんでいる。［図］《女性たちの労働》 ◎171【ヨーロッパ諸国の動向】イギリスは…18年と28年には選挙法が改正され、**男女普通選挙**が実現した。 ◎172【アメリカ合衆国の繁栄】政治的にも、1920年に女性参政権が実現して民主化がすすんだが、…。 ◎174【西アジアの民族運動】ムスタファ・ケマルは…ローマ字の採用や女

本文	性の解放など近代化をすすめた（トルコ革命)。[図]《(養女とダンスをする）ケマル大統領》[ケマルは…女性の服装や習慣の改革にもとりくんだ] ◎182【ソ連のスターリン独裁】1936年、政府はいわゆるスターリン憲法を発布し、男女普通選挙や民族の平等などをうたった。
山川世A	『世界の歴史A・改訂版』(山川出版社、2010年)、柴田三千雄／木谷勤／近藤和彦／羽田正（うち高校教諭0人)、B5判・195ページ
本文	◎142【大衆民主主義の前進とファシズムのめばえ】総力戦を戦うなかで…戦後になると、戦時中の公約に従って、女性をふくむ参政権の大幅拡大が多くの国で実現した。[図]《女性参政権の拡大》 ◎146【西アジアの民族主義国家】ムスタファ・ケマルは…女性への参政権付与…など西欧化・近代化政策を実行した（トルコ革命)。
注	○98【イギリスの改革】[表]《イギリスの選挙法改正のあゆみ》
山川現A	『現代の世界史A・改訂版』(山川出版社、2010年)、柴田三千雄／佐藤次高／近藤和彦／岸本美緒（うち高校教諭0人)、B5判・211ページ
コラム	◆21【コラム1：学問の旅】…子どもたちのなかには女の子もふくまれており、男女の奴隷にも教育の機会があたえられたことがイスラーム社会の特徴であろう。 ◆89【コラム7：フットボールと現代社会】…市民社会の成熟とともに、紳士の卵がフィールドで、男らしさとフェアプレイの精神を競う近代スポーツが確立し、これはイギリスから世界に広まった。
本文	◎87【近代ヨーロッパの成熟】[階級と家族］このころ西欧で完成をみた産業社会では…家族やせだいのあり方は階級によってちがった。…労働者の場合、妻も子どもも外で働くことが多く…ブルジョア家族では家長（父・夫）が外の職場で働いて収入をえ、主婦は家事奉公人（メイド）を使いながら、もっぱら家事・育児にいそしむという性的分業がすすんだ。家族がブルジョワの生活の「城」だった。[図]《ヴィクトリア風の家族》、《工場の昼休み》[若い女性労働者が弁当を食べ…] ◎116【世紀末のヨーロッパ】[国家と国民］…こうした19世紀末の欧米社会で、現代史に大きな意味を持つにいたる二つの運動が成長した。一つは大衆運動としての社会主義である。…もう一つは、女性の解放を求める運動である。これは女性参政権運動にはじまるが、政治的権利の主張だけにとどまらず、ヴィクトリアふうの男性家長を中心にできあがったブルジョワ家族は、個人押しての女性を束縛しているという批判もあらわれた。[図]《『人形の家』のノラ》《自転車にのる女性（1885年)》 ◎135【普通選挙制の普及】西欧各国は19世紀末までに、新中間層・労働者

本文	に選挙権が与えられた（男性普通選挙制）。…なお女性の参政権は男性よりはるかにおくれ、多くの国では第二次世界大戦後であった。 ◎181【社会の変貌】…家族関係でみると、19世紀の第１次産業革命は職住の分離をおこし、男は家庭外の仕事、女は家事という区分がうまれたが、出生率の低下や家電化にともなう家事労働の軽減が女性の社会進出の機運を促進した。とくに第二次世界大戦後にこれは一般的になった。ここから、これまで表面化してなかった政治・仕事・教育などの分野における男女の性別にかかわる問題（ジェンダー）がとりあげられるようになった。
注・図版	○22【古代の地中海世界】ポリスは、…都市国家であり、これを市民［注］が自衛した。→［注］…アテネで市民権を持ったのは、人口の２割に満たない男性市民に限られていた。 ○50【宗教改革】イエズス会…の熱心な宣教により［注］…→［注］民衆のなかの変わり者・障害者を、魔女・異分子として集団的に制裁することもあった。 ○79【ナポレオン帝国】1804年には民法典［注］を制定し、…ナポレオン１世と称した（第一帝政）。→［注］法の前の平等、経済活動の自由、家族の尊重を骨子として、市民革命の成果を集成したものである。［図］《女性の政治クラブ》 ○79【革命の時代の意義】第１に、…生まれや国籍をとわない普遍的な人権がうたわれ、これは人びとに希望の火をともした［注］。→［注］…とくにフランスの人権宣言に刺激されて…ウルストンクラフトは女性の権利を擁護し…。
第一Ａ	**『世界史Ａ・改訂版』（第一学習社、2009年）、向山宏／秋田茂／石井修／川口靖夫／佐藤眞典／曽田三郎／田中泉／中村薫／吉川幸男／吉田雄作（うち高校教諭２人）、Ｂ５判・192ページ**
コラム	◆73【歴史散歩：イギリスの生活革命】［図］《当世風結婚》 ◆131【女性と国民統合】女性の参政権獲得は、政治の大衆化と国民統合をすすめた。［図］《女性の職場進出》、《シャネル＝スーツ》［機能的・活動的なデザイン］、［表］《各国の女性参政権獲得年代》
	●ジャンヌ＝ダルク《フランスを救った少女》
本文	○27【イスラーム帝国の発展】［図］《イスラームの女性たち》［一夫多妻を認めるが、ほとんどが妻は一人である］ ○133【第一次世界大戦】［図］《軍需工場で働く女性（イギリス）》 ○142【中国の五・四運動】［図］《五・四運動》［五・四運動では、女子学生たちも活躍した…］ ○223【朝鮮の三・一独立運動】［図］《三・一独立運動》［市内を行進する京成の女子学生たち］

帝国明Ａ	『明解新世界史Ａ・新訂版』（帝国書院、2009年）、岡崎勝世／近藤一成／伊藤定良／工藤元男／坂本勉／相澤隆（うち高校教諭０人）、Ｂ５判・215ページ
コラム	◆14【物を通して見る世界：２世紀：東方からもたらされる貴重品―絹】→【中国の僧玄奘が伝える蚕の伝説】（ホータンに嫁いだ中国王女が蚕と桑をもたらす）、［図］《６世紀ユスティニアヌスの皇妃テオドラ》［絹織物を好んだ］ ◆18【クローズアップ生活・文化！：交流から生まれる唐の文化】［図］《『宮楽図』》［女楽の宮女たちの練習風景…］、《胡服を着る女性》［活動的…］ ◆40【クローズアップ生活・文化！：信仰にもとづくイスラーム文化】女性がチャドルで身体をおおい、顔をヴェールやストールで隠すのは男性に余計な性的刺激を与えず、女性を保護するという思想による。…（ハレム）があるのも同じ考え方に発している。［図］《奴隷市場の様子》［口ひげは男性を示すシンボルとしてだれでもはやせるが、あごひげは…社会的権威のある人物しかはやすことができなかった］、《離婚の調停》［…イスラーム社会では妻からも離婚を通告することができ、カーディー（裁判官）の立ち会いのもので調停を受けられた］ ◆45【過去から未来へ：奴隷に支えられた社会】ギリシア民主政は…自由な成年男性のみによる民主政であり、女性や奴隷は含まれていなかった。 ◆46【クローズアップ生活・文化！：ヨーロッパ文明の源ギリシア・ローマの文化】［図］《古代アテネの女性》［…女性も、男性を中心とした社会のなかではその地位は低かった］ ◆88【クローズアップ生活・文化！：貴族がささえた17～18世紀ヨーロッパ文化】［図］《ジョフラン夫人のサロン》［大切な情報交換の場］ ◆95【過去から未来へ：“子ども”時代の発見】［図］《17世紀の家族の肖像画》《19世紀の家族の肖像画》 ◆118【クローズアップ生活・文化！：市民社会から生まれた19世紀ヨーロッパ文化】［図］《ムーラン＝ド＝ギャレット》［女性の多くは労働者の娘たちで、…思い思いの軽やかな服装で集まっている］、《インスタント食品の登場》 ◆124【物を通して見る世界：19～20世紀：遊牧民の生活必需品からヨーロッパのあこがれへ―じゅうたん】／【カーペット＝ブームに巻き込まれる子どもたち】じゅうたんを織るのは女性が多いが、…工房では…男性が中心となって働いている。また15歳以下の子どもが織ることも珍しくない。 ◆141【過去から未来へ：男性は女性の敵？】女性運動には、このフランス革命中の結社法（1793年）で示された女性は家庭から出てはいけないという思想や、女性の進出で職を失うことを恐れた男性の反感など、特有の問題が数多くあった。 ◆151【過去から未来へ：総力戦に巻き込まれる人々】…各国とも労働者や農民の女性は軍需工場などに進出した。

コラム	◆158【物を通して見る世界：20世紀①女性の社会進出とファッション】…19世紀後半の上級階級の女性の間ではさまざまなファッションが流行した。…この服装は高額で重くて妃活動的なものであり、着かざった女性も、独立した個人としてよりは、夫の経済力を見せびらかすためのかざりとみなされていた。他方、19世紀後半には女性解放運動がおこった。…1870年代を過ぎると、第２次産業革命の進行とそもに職業をもつ女性が増加し、女性たちの働きやすい服装への要求が、女性服をかえる大きな力となった。…20世紀は女性が広く社会進出した時代である。…1960年代後半になるとミニスカートが流行した。また、このころからジーンズやＴシャツの男性ファッションを、女性も身につけるようになうが、これには男性中心の社会に対する抵抗も込められていた。…女性の服装の目まぐるしい変化には、市民社会が実現した服装の自由に加え、女性自身の運動、女性の社会進出・地位向上の動きがつねに関与していた。現代女性の服装は、こうした動きの結果なのである。［図］《19世紀半ばのクリノリンスタイル》《19世紀後半のバスルスタイル》《ブルーマースタイル》《19世紀からの男性のスーツ》［…ファッションにおける“男性による偉大なる放棄”ともいわれる］、《ミニスカートの流行(1967年)》《下着革命》「男も女もジーンズ」 ◆200【未来への第１章：ともに生きる社会をめざして：事例②スカーフが法律で禁止？】［図］《スカーフ禁止に対して抗議するムスリム女性》《スカーフを着用しているために登校を拒否される生徒》
人物コラム	●ヴィクトリア女王《ヨーロッパの祖母とよばれた》［模範的な家庭生活］、●エリザベス１世《イギリスと結婚をした》［生涯独身…］、●王昭君《匈奴に嫁いだ》、●ココ＝シャネル《女性の服装に革命をおこした》、●ジャンヌ＝ダルク《フランスを救った少女》［“救国の英雄”とする見方が、国民意識の形成のために利用された］、●ストウ夫人《南北戦争の発端をつくった》［５年間で50万部も売れ…］、●西太后《清朝の最後をにぎった》［最晩年にようやく改革の姿勢…もはや手おくれ］、●宗家の三姉妹《時代に巻き込まれた》、●則天武后《中国史上唯一の女帝》［密偵による恐怖政治で独裁…その時代を評価する見方もある］、●ナイチンゲール《クリミアの天使》［看護婦を女性の職業として確立］、●ポンパドゥール夫人《芸術を保護した》［美しさと賢明さ…百科全書…王立セーブル磁器製作所の発足させた］、●マリ＝アントワネット《“赤字夫人”とよばれた》［浪費生活を象徴する人物］、●閔妃《虐殺された王妃》［…日本公使の陰謀により殺害］、●楊貴妃《唐の政治を巻き込んだ大恋愛》［玄宗の愛妃］、●ラクシュミー＝バーイ《兵士として戦った王女》［馬にまたがっての勇敢な戦いぶり］、●ローザ＝ルクセンブルク《小がらな革命家》［ユダヤ系でポーランド人、しかも女性の社会主義者］
本文	◎95【子どもと女性の地位の変化】近代以前では子どもは大切な労働力であり、小さい大人とみなされていた。これに対し、個人の成長の家庭をきめ細かく考えたルソーの影響などにより、近代にはいると“子ども”時代が独自

本文	の意義をもつ段階をして認識されはじめた。このことはやがて、児童労働の禁止や19世紀後半にはじまる義務教育制度につながっていく。フランス革命では、『女性と女性市民の権利宣言』を発表したグージュのような女性革命家も現れた。しかし、ナポレオン法典で「夫は妻を保護し、妻は夫に服従する義務を負う」と定められたように、女性は男性と平等であるとは認められず、選挙権も与えられなかった。しかし各国で市民社会が発展するにつれて、女性は、家の付属物で子孫を生むための存在としてではなく、一人の人間と認められるようになったえいく。それに伴い、結婚は独立した人格をもつ両性の結びつきとみなされ、家族も夫婦を単位とする小家族に変化した。また、19世紀後半には、参政権など女性の権利を要求する運動も各国ではじまる。［図］《女性クラブ》［活発な言論活動…］ ◎104【労働運動の発生】資本主義の展開につれて、児童や婦人の労働、低い賃金、長時間労働などの問題が生じてきた。 ◎140【大衆の政治参加】…女性の参政権運動は、19世紀後半、教育・職業の機会均等などを求める女性運動と関連して行われ、19世紀末には男女共学や大学の女性への開放がはじまり、看護婦やタイピストなど新職種も誕生した。しかし参政権獲得は女性が大きな役割を果たした第一次大戦後がほとんどだった。→［図］《女性参政権運動のポスター（1910年代イギリス）》、［表］《普通選挙の歴史》
注・図版	○102【イギリスの諸変革と産業革命】［図］《庶民のくらしにはいってきた綿製品》、《糸車を回して糸をつむぐようす》、《紡績工場の内部》 ○104【各国に広がる産業革命】［史料］《児童労働についての調査報告書（1832年）》、［図］《近代社会が生み出した“主婦”》［…夫は昼は都市で仕事をし、妻は子どもを母乳で育て、家事いっさいを受けもつ専業主婦となった…］ ○129【ホセ＝リサールの民族運動】［史料］《カルティニがオランダ人にあてた手紙》
清水A	『世界史Ａ・改訂版・世界の歴史を多角的に視る55テーマとコラム』（清水書院、2009年）、木下康彦／上田信／設樂國廣／風間睦子／真田安／松村修一／宮武志郎ほか１人（うち高校教諭４人）、Ｂ５判・206ページ
コラム	◆91【コラム23：ルイ14世をめぐる女性一太陽王の宮廷生活】…歴史は男性によって書かれてきたため、多くの場合、女性は陰の存在であった。フランスには女王は存在しない。王位継承者として女性を排除していたためである。しかし、王妃は…摂政として政治に関与した。…国王の愛妾が政治に影響力をもつ場合があった。…女性は歴史の舞台の陰で歴史を支えていたのである。 ◆137【コラム37：ココ＝シャネルとファッションの美学】…大衆文化は、大衆消費と結びついて発展した。女性たちが新しい消費文化の主役として登

コラム	場した。…人々の生活が平準化される一方、ファッションは差異化・高級化を追求することでも、新しい市場を開いた。「働く女性のための服」というファッション哲学…［図］《ココ＝シャネル》《ココ＝シャネルと専属のモデルたち》《最近のファッション・ショー》 ◆170【コラム48：ヴェトナム戦争とアメリカ】…黒人も女性もそれまでの社会通念に反発して権利拡大を要求しはじめ、アメリカは今までにない新たな社会を模索せざるをえなくなった。
本文	◎112【変貌する市民生活】1870年代には女性のファッション雑誌が次々に発刊され、パリ＝モードがヨーロッパの先端となった。［図］《パリのモード誌のポスター》
	○133【物質合成の技術】［図］《ナイロンのストッキングを試着する女性》
実教A	『新版世界史Ａ』（実教出版、2009年）、木畑洋一／三好章／江川ひかり／松木謙一／岡田健／小川幸司／中山幸昭（うち高校教諭４人）、Ｂ５判・183ページ
コラム	◆80【特集：17・18世紀ヨーロッパの文化と生活】［図］《ジョフラン夫人のサロン》［…急進的な思想が議論されたことで有名］ ◆126【テーマ７：総力戦としての第一次大戦】…男性が軍隊にはいったあとの人手不足を補うために、多くの女性が職場に進出し、女性の社会的な地位の向上もみられた。［図］《軍需工場で働く女性》、《募兵のためのポスター》［…ポスターには女性も登場した］ ◆132【特集：戦間期の生活と文化】1929年には全米の70％に電気がひかれ、冷蔵庫・洗濯機・掃除機・アイロンやラジオが普及していった。［図］《電気冷蔵庫の広告》《通信販売会社シアーズのカタログ（1927年）》《ファッション誌「ヴォーグ」の表紙（1928年）》、［注］【女性の社会進出】第一次世界大戦を契機に、女性の社会進出がすすみ、戦後女性にも選挙権が拡大していった。［表］《女性参政権の拡大》 ◆148【テーマ８：第二次大戦と世界の変容】…一般市民を含む犠牲者の数も史上最大となった。［図］《女性に戦争のための労働をうながすポスター》
人物コラム	●則天武后《中国史上唯一の女帝》［治世当時、社会は安定］、●ジャンヌ＝ダルク《フランスを救った男装の乙女》、●シリマヴォ＝バンダラナイケ《世界初の女性首相》、●テオドラ《ユスティニアヌスとテオドラ》［テオドラの剛胆さ］、●マリ＝アントワネット《母が心配したフランス王妃》［国民の憎悪の的］、●グージュ《女性の権利を宣言した作家》［人権宣言の「人間」のなか「女性」が含まれていないことをきびしく批判し、みずから「女の人権宣言」を執筆して女性の人権と参政権を主張した］、●エリーザベト《宮廷をきらった皇妃》［美貌…ハンガリーの民族運動を後押し…］、●ラクシュミー・バーイー《インドのジャンヌ＝ダルク》［マラータ族の有能な指揮官となり、戦死した］、●西太后《事実上の女帝》［清朝の最高権力者

	…]、●緒方貞子《難民支援に尽力》
本文	◎147【日本の植民地支配と抗日闘争】…従軍慰安婦として戦場に送られた女性も少なくなかった。
注・図版	○40【ギリシアのポリスの盛衰】…すべての成人男性が民会に参加する直接民主政が完成した。→［注］女性や外国人には参政権はなく、奴隷に人格は認められていなかった。 ○88【ナポレオンの登場】ナポレオン法典→［注］…各国の民法に大きな影響を与えた。なお、女性の権利をほとんど認めず、家父長（一家を代表する男性）の権利が重視された。 ○98【東方問題とクリミア戦争】激戦のすえロシアは敗北→［注］ナイティンゲールは、…敵味方なく看護する活動を指導し… ○131【日本の状況】［図］《新婦人協会の創立》［平塚らいてう…青鞜社…市川房枝…「元始、女性は太陽であった」］ ○143【抗日民族統一戦線】［図］《宗家の三姉妹》
三省A	『世界史Ａ・改訂版』（三省堂、2008年）、増谷英樹／石島紀之／上杉忍／近江吉明／加藤博／小林克則（うち高校教諭１人）、Ｂ５判・202ページ
コラム等	◆116【史料カルティニ】→［注］…女学校を設立し、女性の地位向上をはかった。
本文	◎71【人権宣言】10月には女性たちがヴェルサイユ宮殿におしかけ…→［注］…グージュは、「女性と女性市民の権利の宣言」を提起し、人権宣言にはふくまれなかった「女性の権利」を宣言した。 ◎94【太平天国運動】…土地の均分（天朝田畝制度）、男女平等など、これまでの反乱にみられない新しい政策をうちだした。図《天朝田畝制度》男女の別なく均等に土地を分配する制度… ◎137【総力戦と民衆】政府や大企業は、労働組合や女性に一定の地位をみとめて、労働力の確保につとめた。…世界大戦は、…女性や老人・子どもにいたる国民すべてをまきこむ**総力戦**となった。 ◎138【ロシア革命】…女性労働者がパンをもとめてストライキをおこすと、労働者や兵士もくわわって反乱となり、労働者と兵士は**ソヴィエト**（評議会）を結成した。 ◎103【ロシアと日本】社会主義者らは1910年の**大逆事件**で弾圧され→［注］…菅野スガ…らがとらえられ…12名が死刑となった。…幸徳秋水らも死刑となったが、事件に無関係であった。 ◎170【民主主義の試練と発展】公民権運動は…全世界の民衆に大きな衝撃を与えなかでも、**女性差別撤廃運動**はめざましい成果をあげ、多数の女性が社会進出して、これまでの伝統的な性役割意識がかわり、家族のあり方にも大きな変化が生まれた。…「**若者文化**」が生まれるとともに、女性学生が急

本文	増して、その後の女性の地位向上の基盤をつくった。1960年代末から1970年代にかけて、若者のこれまでの価値観に対する集団的な異議申立てが、**学生運動やヴェトナム反戦運動、女性解放運動**としてもりあがった。［図］《女性の権利獲得をもとめるデモ》、［表］《黒人公民権運動と人権をめぐるおもな動き》 ◎185【アメリカ】…1970年代以後、…白人中産階級の男性を中心とした文化への批判が強まり、…女性がアメリカ文化におおいに貢献してきたことが強調された。
注・図版	○９【東アジア世界の形成】［図］「唐の婦人」［中国史上唯一の女帝則天武后が生まれるなど、女性の地位も比較的高かった］ ○67【産業革命のはじまり】［図］「綿織物業の技術革新」［産業革命以前、女性が意図を紡いで紡錘まきとり、その糸を男性の職人が布に織りあげていたを。…産業革命以後は、労働者はかならずしも熟練した技術を必要としなくなった］ ○73【ナポレオンの支配】…**フランス民法典（ナポレオン法典）**→［注］…近代法のもととなった。しかし、家族制度では妻の夫への従属を規定していた。 ○98【イギリスとフランス】…選挙法を改正（第３回）→［注］…女性が参政権をえたのは1918年で、男女平等となったのは1928年のことである。 ○119【日露戦争と朝鮮の植民地化】［図］《朝鮮に進出した日本の紡績工場》［紡績工場ではたらく女工たちは、土地をうばわれ、生活苦におちいった農家の娘たちだった］ ○137【総力戦と民衆】［図］《軍需工場で働く女性たち》［ドイツでは、鉄鋼関係の工場などで働く女性の数は、…およそ20倍にふえた］ ○143【賠償と平和の問題】［図］《仕事をもとめてデモをするハンガリーの女性たち》 ○153【人民戦線とスペイン内戦】［図］《スペイン内戦》［反フランコの義勇軍の少女］ ○157【ナチスと日本への抵抗】［図］《白バラ抵抗運動のショル兄妹》
東書Ａ	『世界史Ａ』（東京書籍、2007年）、加藤晴康／濱下武志／菅原淳子／栗田禎子／須賀俊和／町田隆吉／編集協力者２人（うち高校教諭３人）、Ｂ５判・224ページ
コラム	◆92【世界史のまど：教育と女性】…革命下のフランスでも、女性は市民のうちに数えられず選挙権も男性に限られていた。社会において公私の役割が区別され、女性は私の領域、特に家族に対する責任をおうことがしだいに強調されるようになった。それは、女性が市民の「よき妻」「よき母」となることであった。…高等教育は一般の女性には不要とみなされ…。…しかし、産業革命による都市化の進展、新しい産業社会の形成にともなう新しい職業の拡大は、女性の社会における役割を変化させずにはおかなかった。…女性

コラム	の職業についての社会の観念は、まだ公の責務をおう男性の補助的役割を担うものとされていた。…例えば、医療制度や公衆衛生制度の発展により、看護衛生などの分野は、新しい職業として大きく女性にひらかれた領域となった。しかし、医師となるための学位取得など、その資格取得には大きな制限や困難がつきまとい、女性の活動はほとんど医師を補助する役割にとどめられた。…女性の教育の問題は、社会における女性の役割と結びついて、しだいに社会に進出するようになった中産階級の女性たちによって、まず、問いなおされてゆくのである（全１ページ)。[図]《看護する女性》[19世紀後半から…職業として確立していった]、《19世紀の絵本》[理想化された家庭生活や女性像が描かれている] ◆145【(章扉記事）第８章：二つの世界大戦の時代：女性解放】アメリカの独立革命やフランス革命に始まる諸革命の成果として、欧米では近代的な人権が形成されたが、それは男性の権利であり、女性の権利は長く制限されつづけてきた。フランス革命期に、自由と平等の原則を女性にも適用すべきとして女性の権利を要求したグージュや、イギリスのメアリ・ウルストンクラフトらは女性解放の先駆者であった。19世紀にはいると…男性と対等の自立した人間をめざす主張がさまざまな立場からとなえられた。女性の高等教育要求や労働条件改善、経済的自立を求める運動、廃娼運動などとともに婦人参政権運動も展開された。女性解放運動は19世紀ヨーロッパの労働運動、社会主義運動やアメリカの奴隷解放運動などとのかかわりのなかで発展していく。…人戦後は戦争における女性への貢献への報償として、多くの国で参政権が与えられた。また、女性進出が進むと、女性の生活形態も大きく変化した。この時期には日本でも平塚らいてう、市川房枝を中心とした婦人参政権運動が展開されたが、実現されるのは第二次世界大戦後である。中国や朝鮮でも、五・四運動や三・一独立運動が高揚するなかで女性解放も論じられた。[図]《婦人参政権運動》《シャネル》「平塚らいてうと青鞜社の人たち」「カルティニ」 ◆181【北欧の福祉国家】…言論や表現の自由、男女平等が徹底して実現されており、女性の地位も高い。国会や地方議会の議員、あるいは大臣に就任する女性の数が、他国にくらべるときわだって多いのも特色である。
本文	◎６【人類の誕生】…多産や狩猟の成功を願って、女性裸像をつくったり…。 ◎75【91年憲法制定】1789年10月、パンを要求する女性たちがヴェルサイユ行進をおこない…［図］《グージュ》[「女性と女性市民の権利宣言」を発表し、人権宣言が男性だけのものであると批判した]。 ◎88【工場労働と女性】工場労働は女性の地位を大きく変化させるものとなった。…工場の機械の前での労働は出産・育児とはあいいれなかった。…労働から離れた家庭婦人の理想像が形成されていった。さらに、工場は労働と生活の分離によって家族のあり方も変化させた。子どももまた家庭と学校で保護されるべきものとなり、仕事の場とは分離した家庭生活の型が、中産階

本文	級のあいだから定着し理想化されていった。 ◎148【戦時下の女性と社会生活】兵士として多数の男性が動員されたため、各国では労働力不足が深刻化した。そこで多くの国で、女性が男性にかわって職場へ進出することになった。これまで女性の職場としては軽工業部門が主流であったが、軍需工場、商業、教育などの分野へも女性が進むようになり、この結果、女性の社会的地位の変化がうながされた。［図］《兵器工場に動員されたフランスの女性たち》［…イギリスでは、1918年の選挙法によって、30歳以上の女性にも選挙権が拡大した］ ◎158【トルコ革命】…女性参政権の実現… ◎163【ナチス体制】それはさまざまな上からの統制をともない、労働者、農民、青年、女性の各組織をつうじ、人々を国家目的に動員してゆく体制でもあった。 ◎168【日本の東南アジア占領】…慰安婦として前線におくられた多くの女性たちもいた。 ◎190【少数者の権利】…70年８月、アメリカの女性参政権獲得50周年を期して、各地で女性たちの集会やデモがおこなわれた。それは60年代にウーマン・リブの言葉をうんだ女性の権利主張の運動の高まりを示すものであった。［図］《国連国際婦人年世界会議》［1960年代からの女性の権利主張の国際的高まりを背景に、…メキシコで女性の世界会議を開催した］
注・図版	○70【啓蒙思想】［図］《サロン》［上流婦人が主催するサロンは、新しい思想が普及する場となった］ ○76【サン・キュロット運動の高揚】［図］《革命に加わる女性》［民衆活動のなかで女性の活動は大きなものがあった］

第6章

高校の日本史教科書にみるジェンダー

久留島典子

はじめに

現在使用されている高校の日本史教科書で、ジェンダーはどのように意識されているのか、あるいはいないのか、その状況を以下で報告する[1]。私自身、教科書執筆者として、歴史研究上の新しい潮流・観点であるジェンダー分析の視点を歴史教科書に生かそうと試みながらも、その困難さを実感している。そのため、全体的な状況を考察することで、その困難さの原因や改善の方向について何らかの手がかりを得たいというのが本章の出発点である。したがって現状の把握が中心になるが、最後に、教科書を執筆する者の立場から、なぜこうした現状があるのか、そしてどうすれば現状を変えていけるのかについても考察したい。

最初に現在の高校日本史科目について説明すると、古代から現代まで全時代を扱う日本史Bと、幕末から始まって近現代を中心に扱うAとに分かれている。大学受験に主として用いられるのはBで、発行教科書数はBが十一点、Aが七点である（二〇〇八年四月現在）。

今回の調査項目は、記述内容、記述される歴史的人物、図版内容の三項目とした。そして具体的叙述の検討では、入手できた二〇〇九・二〇一〇年度発行教科書のうち、まず日本史B三点、A一点についてある程度詳細な抽出的検討をおこない、次にほかの日本史B七点（同じ出版社から刊行されている簡略版一点は割愛した）、A四点を通覧して補足した[2]。それに加えて、各教科書に出てくる日本史関係用語や人物の掲載頻度については、『日本史B A併記用語集 改訂版』[3]を利用した。

今回詳細に調査した点数は、刊行数全体からみれば十分とはいえない。そのためさらに対象を広げていく必要があるが、おおよその傾向は把握できたと考えている。また、たんに「女性」ではなく「ジェンダー」の観点というときには、より注意深い分析が必要だが、その点も不十分なことをあらかじめお断りしておく。さらに今回は記述内容・人物・図版の三項目に分けて調査したが、調査項目をもっと拡大し、分析の切り口も検討していく必要があることはいうまでもない。[4]

1 全体的な傾向

最初に記述内容の全体的な傾向として、ジェンダーを意識した記述は、一部の例外を除けばほとんどないといえる。もちろん、後述するように執筆者による差はかなり大きく、その点では幅があるともいえるが、本書第1章の富永智津子「ジェンダー視点による高校世界史教科書の書き換えに向けて」で取り上げているアメリカの教科書の叙述と比較すると、総じて右のようなまとめにならざるをえない。以下、もう少し具体的に見ていこう。

まず、性や生殖に関する歴史的事項は、基本的に教科書では排除されていることが指摘できる。この点に関しては、本書第7章の長野ひろ子「女性史・ジェンダー史の成果は教科書に生かされているか」が、近世の「大奥」「遊里」といった言葉を取り上げて的確に指摘しているので参照していただきたい。ここでは、こうした言葉を載せる教科書自体が全体のなかでは少数であること、そして、載せている教科書も、「将軍や大奥の生活は華美となり」（A社b）と記述しながら、では大奥とは何かという説明はどこにもない、といった状況であることを確認しておきたい。なお、同じ扱いの言葉としては「遊里」「遊郭」「遊女」「公娼制」、あるいは「堕胎（罪）」や「間引き」といったものがある。

次に、女性が含まれている場合も、あるいは当然排除されている場合も、どちらも意識されずに、「個人」「民衆」といった言葉の用いられる叙述が目につく。ここには、男性・女性を意識することの方が、むしろ一種の差別の助長であるという考え方が背景にあるようだ。しかし、実態としては女性が排除されていた、あるいはほとんど存在しなかったのに、たんに「個人」「民衆」と表現することは、逆に男性の経験を普遍的なものとすることである。そこには歴史的に構築されてきたジェンダー、そして現在の人々をも拘束しているジェンダーを見ようとしない立場があるといえる。本章でジェンダーの観点を意識するか否かといったことを問題にするのも、こうした理由からである。

以下、古代と近代の例を示そう。日本古代に冠位十二階の制というものがあり、「個人」に官位を与えた、と一般的には説明されている。では、その「個人」に女性は含まれていたのかという素朴な疑問が生じるが、官職から女性が排除されたのは当然の前提としているかのように、教科書ではその説明がない。古代から近世まで、朝廷や幕府といった官に仕えた女性はいるが、それが官職とどのような関係にあるのか、ごく簡単な基本的説明もなく、むしろ、それが問題になること自体を想定していない叙述が一般的なのである。

もう一つ、近代のいわゆる「四民平等」の個所で、「男子に限られたとはいえ、同じ義務を持つ国民が形成された」（A社ａ）という叙述がある。もちろん、ここで「国民の形成」という評価を与えていいのかという議論はあるだろうが、それはいま問わないとして、注目したいのは「男子に限られた」という部分である。ほんの短い言葉だが、これを問題にすることによって、近代国家での「国民」はもちろん、「平等」に関する認識も異なってくるのではないだろうか。いわゆる「四民平等」自体は身分制に関わる事項であって、性―ジェンダーに関わるわけではなく、具体的な施策としての戸籍作成では、男女ともに登録されたことはいうまでもない。しかし、「男子に限られた」という言葉を意識することによって、そもそも「四民」のなかに女性が本当に含まれていたのか、「国民」「平等」といった言葉は最初から女性を排除していたのではないか、といった疑問をもつことになる。後の普通選挙の「普通」に女性が含まれず、「婦人参政権」（「女性参政権」ではなく）という別の概念で捉えられなければならなかった点とも通底する問題がここに存在する。「男子に限られた」と挿入することは、こうした性―ジェンダーによる、人々が置かれた状況の非対称性を認識させる端緒ともなるのである。

身分制からジェンダーの観点を欠落させていたのは、従来の歴史学の見方である。「個人」という表現も同様で、おそらく、この古代の「個人」は「氏姓」に対比される使用法であり、近代で「個人」が「国家」に対比されて使用されていることと同じく、そこに女性が含まれるか否かといったことは全く問題にならないと考えられているのだろう。「民衆」についても同じで、いわゆる支配者層に対する言葉として用いられているのであって、ジェンダーは問題にされない。このように、性―ジェンダーがすべて隠されていること自体が意識されていないのである。そして、こうした捉え方自体は、教科書だけの問題ではなく、これまでの歴史学自体の捉え方であることは確かであり、逆説的にいえば、歴史学のあり方が如実に反映されているのである。

さて三番目に、女性史ということでは、その社会的地位などを各時代に対応する形で、あるいは通史的にまとめて記述するなど、意識的に編集している教科書がある一方、あまり連関なく、トピックに応じた記述が断片的に出てくる教科書もある点を指摘したい。

後者の断片的な例を先にあげると、たとえば女性の財産所有の記述である。鎌倉時代の御家人、江戸時代の武家、明治の家制度などの各個所に関連して女性の財産所持にふれる教科書は多いが、その相互関連など流れは説明されないものがほとんどである。また多くの教科書が、鎌倉時代には女性の地位が比較的高く、江戸時代には低かったとするが、では、どのような経過を経て江戸時代の状況になったのかというと、その間の説明はないものが多い。そもそも、女性の地位が高い・低いという表現自体に問題があることは確かで、何を基準に、どのような階層のどのような側面を比べてそう評価しているのか、不明である。この点は、教科書叙述の一種の固定化された型として後にも問題にしたい。

さらに例をあげよう。朝鮮に対する植民地支配で、家一つに一つの姓という「創氏」強制の説明が多くの教科書にある。しかし、近代日本国家がこうした政策を強要した背景、同時に、現在問題となっている婚姻後の姓（苗字）、夫婦別姓問題に関する歴史的背景でもある家と姓の関係についていては、近世日本の家と姓の関係や近代の家制度下でのその変化なども含めて、一連の流れとして関連づけた記述は見当たらない。

こうした叙述の断片性という問題は、より大きな問題へと拡がっていく。つまり、現在の教科書の通史的構成では、「鎌倉時代ではこう」「江戸時代ではこう」という断片的叙述が中心で、その間の変化が、なぜどのように生じたのかという疑問は、最初からもたないようになってしまうのである。歴史的思考でいちばん重要なのはその種の疑問であり、そうした思考が育たないような教科書叙述という点では、ジェンダー視点の有無を超えて、より大きな問題がそこに存在するといえる。

次に、女性史という観点から比較的詳しい叙述がある例、あるいは関連づけた記述がある例を紹介しよう。

まず日本史Bだが、D社の教科書は、古代・中世・近世・近代ごとに「女性の社会史」という名称で特設ページを一ページずつ設けている。内容は、「古代の女性」として天皇家・貴族・農民各層の女性の地位、「所領の相続と女性」と題して中世武家の財産相続、「町人の結婚」と題して富裕な近世町人の結婚、そして近代では、「異国に眠る女性たち」として「からゆきさん」を扱う。古代は農民にもふれているとはいえ、天皇・貴族が中心であり、中世は武家、近世は町人、近代は庶民だから、各時代を特徴づけると見なされた階層の女性を叙述する形式であることがわかる。このうち「からゆきさん」は奴隷的な性労働を扱ったものであり、女性の移動というテーマをも含んでいて、冒頭で指摘した性的なテーマを忌避する教科書としてはユニークなものといえるだろう。一方、B社aでは、「絵巻物に登場する中世の女性たち」「法制の変化と女性」という二つの特設ページがあり、中世と近世以降の女性の地位についてまとまった記述がある。

一方、日本史Aの教科書では、B社の教科書が、「制服の歴史」として服装における近代を男女ともに説明するほか、「女工の歴史」では女性の工場労働者としての歴史が繊維工業に限定されず一貫して説明されている。また「家族制度と女性」という形で近代以降をまとめた記述もある。ほかではD社の教科書が、全体で四十六あるほぼ一ページ大のコラムで「女髪結の登場」「富岡製糸場と伝習工女」「津田梅子」「日露戦争と女性」「女工哀史の世界」「白樺と青鞜」「市川房枝」という女性史関連のテーマを七つ載せている。このなかで、女髪結はほかの教科書では取り上げられていないユニークなテーマであり、一方、津田梅子はどの教科書にも掲載されているが、彼女の手紙なども紹介したこのコラムは、女子教育の先駆者という一般的な説明以上の、津田梅子についてより掘り下げた考察が可能なものになっている。なお、この教科書ではほかのコラムでも、女性史を意識した記述が散見されることを付け加えておく。一方、G社の教科書はエピソード、ファイル、クローズアップといった名称で大小さまざまなコラムを載せ、一種のモザイク的構成になっているが、そのなかで「憲法と女性」という特設ページのほか、数行の人物コラムで津田梅子や市川房枝・山川捨松などを取り上げている。

以上の叙述は、女性史・社会史の成果を生かし、歴史のなかの女性に生徒の興味・関心を引き付けるという点では、大きな効果があると考えられる。ただし問題がないわけではない。

一つは、こうした叙述がほとんどすべて、特設ページやコラムとして掲載されていることである。そこから、本文に比べてコラム類の比重が高い日本史Aの教科書に女性史関連のまとまった記述が比較的多く、通史的叙述が中心となる日本史Bの教科書ほど少なくなっていくという現象が生じるのである。

そしてもう一つの問題は、こうした特設ページやコラムの女性史記述が、必ずしも本文と関連づけられていないという点である。右の特設ページが設けられている教科書の本文ページを見ると、確かに、全体的にはジェンダーの視点を意識していると思える記述が多いが、一方で、女性史に関しては特設ページに移したということなのか、ほかの教科書と比べても、本文に女性に関する叙述が少ないという印象を受ける教科書もある。これは執筆者による差と考えられるが、女性を叙述することがトピック化し、女性史が歴史学の周縁へと追いやられている傾向とも受け止めることができる。これは、ジェンダーの視点を意識するのとは全く逆方向であり、大きな課題がここにあるといえるだろう。

2　時代ごとの特徴

さて節を改めて、いわゆる時代別の特徴をみていこう。全体的な傾向を簡略にまとめれば、まず古代では女性の記述は比較的多いといえるが、そのほとんどは女性天皇や外戚としての摂関家など、天皇を中心とする関係のなかに限定されている。次の中世では記述・人物とも最も少なく、近世がそれに次いでいる。そして、近代ではほかの時代に比して記述は圧倒的に増える。以下、人物も含めて各時代の状況を少し詳しく見ていこう。なお、近世については本書第7章が扱っているので割愛する。

まず、ほとんどの教科書で出てくる固定的な事項・人物があるが、それを各時代別に示そう。ここで、人物名や用語の後ろにある数字は掲載頻度の数値であり、特に日本史B十一点すべてに出てくる人物・用語についてはゴチックで表記した。

原始・古代

①記述

政治史をはじめ、宗教・生活と多方面からの記述があるが、古代では、天皇・貴族層以上にほぼ限定されている点が特徴である。

・原始では男女分業の記述があるほか、土偶・石棒が対で記され、土偶は女性を表すとする。

・大和の首長たちの説明では首長が男女どちらなのかにはふれないが、**卑弥呼**⑪、壱与⑩が女王であることは記述される。

・律令制下の賦課の説明で、口分田を女子には男子の三分の二与えん、偽籍⑥で戸籍が女性ばかりになるなどの記述がある。また采女①が徴されたことにふれる教科書もある。

・天皇とその婚姻関係を中心とした事項は詳述される。「中継ぎの女帝」、摂関家の婚姻、后妃・乳母④の政治的意味、女院③に荘園が集中したことなどにふれる。

・婚姻の形態は多くが詳しく記述(妻問婚⑤)する。女性の財産所持、一般民衆における女性の強い発言力にふれる教科書もある。
・女性による文学作品は詳述され、ひらがな（女手③・女文字③）の使用を女性に関連づけて記述する。
・女性と仏教として、尼寺の衰退、女人結界①、血や出産の穢れ観などを詳述する教科書もある。
・古代女性の服装として女房装束⑪、女子の裳着④、庶民女性の服装などを記述する。

②人物

政治史では女帝や摂関家の娘たちが中心で、詳しい叙述をおこなう教科書ほど、こうした天皇家や藤原氏関係の女性の数が増える傾向にある。また、いわゆる文化史では、仮名文学の書き手を中心にほかの時代と比較して女性が多数出てくる。

・ヤマト政権以前　卑弥呼⑪・壱与⑩
・天皇　推古天皇⑪・持統天皇⑪、孝謙（称徳）天皇⑪、元明天皇⑩、皇極天皇⑧、元正天皇④、吉備内親王（文武天皇妹、長屋王妻）②
・藤原氏関係　光明皇后（光明子）⑪・藤原薬子⑩、藤原彰子⑥、藤原定子⑤、県犬飼三千代（光明子母）②、藤原宮子（藤原不比等娘、文武天皇妻）②、藤原明子（藤原良房娘、清和天皇母）②、藤原詮子（藤原兼家娘、一条天皇母）②、ほかに一つの教科書にしか出ていないものは省略。
・文化　額田王⑪、紫式部⑪、清少納言⑪、小野小町⑦、藤原道綱の母⑦、橘大郎女（聖徳太子妃）⑥、和泉式部⑥、菅原孝標の女⑥、赤染衛門④

中世

①記述

武家法では、公家法に比較したとき、特に男女を区別しない条項があり、これを直接記述する教科書もあるが（B社b）、多くは、ここから発生する財産相続などでの鎌倉時代の女性の地位の高さという形で記す。この点以外、政治史また文化史のうえではほとんど記述はなく、宗教史・生活史で、女性商人、そして「女性の穢れ」という観念から女人禁制を扱うものが目につく程度である。

・鎌倉時代の武家女性の相続や養子については、多くの教科書が女性の御家人や地頭がいたことを記述し、女性の地位が比較的高いとする。

・鎌倉御家人の窮乏の個所で、女性の地位の低下にふれる教科書もある（一期分⑥）。

・婚姻形態については、嫁入婚③の増加を記述するものがある。

・大原女④、桂女④など女商人の活躍や、女性の金融業への進出にふれる教科書もある。

・文化では白拍子③の記述がある。

・産穢・女人禁制①にふれ、道元による女人結界①批判などを記述する教科書もある。

②人物

以下にみるように、一、二点の教科書だけに出てくる人物はほとんどいないため、全体として数が少なくなる傾向がある。これは選択の結果というよりも、研究上解明されている特定の女性が少ないことを示しているといえるだろう。「①記述」の項でみたように、「女性の地位はほかの封建時代と比較して高かった」（E社）とされる中世で、通史的叙述に登場する女性がなぜ少ないのか、興味深い課題といえるだろう。

・北条政子⑪、八条院暲子（鳥羽上皇娘、皇室領荘園が八条院に集中したことで有名）⑨、平徳子（建礼門院、平清盛娘）⑨、日野富子⑨、阿仏尼⑦、大姫（源頼朝娘）①

近代

①記述

近代では、ほかの時代に比べて記述は確かに増える。しかし日本史Bの場合は、特定用語を定型化して説明するものが多い点に注意しなければならない。一方、すでに指摘したように、日本史Aでは、近代以降の女性についてかなり詳しく記述しているものがある。ただし、Aでも、多くの教科書は定型化を免れているわけではない。

日本史Bを中心に若干の事例を示すと、たとえば、どの教科書にも近代の女子教育についての記述がある。しかし、学制の個所で、男女ともに学ぶ国民皆学と理念だけを書いて、現実の就学率の低迷が主として女子の就学率の低さによることを書いていない教科書もある。また津田梅子との関係で女子英学塾の掲載頻度が最も高く、女子師範学校、それに次いで女学校の設置などの記述はある。だが、女性が大学から基本的に排除されていた事実にはふれない教科書が多いなど、記述には問題も多いといえる。

また、近代の女性労働は、富岡製糸場や松方デフレによる女工の急増など、繊維工業を中心に詳述するのが普通で、工場法の女性・年少者の深夜業の禁止も多くの教科書がふれている。ただ、総じてその後の説明は少なく、重工業化による女子労働者の比重低下にふれるものがあるほかは、職業婦人を社会風俗として取り上げる程度である。

なお、以下の頻度の数字は○囲みが日本史Bのもの、囲みなしがAのものである。

近代（戦前・戦中）

・「四民平等」の個所で、これは「男子に限られた」が同じ義務をもつ国民の創出とする。
・女子教育はふれるのが一般的。女子英学塾⑧6、女子師範学校⑥3、女学校⑤2、女子大学①
・家族制度⑪6にはふれるが、女性の従属的な法的地位について明確な記述は少ない。この点を民法典論争⑨7でふれるものもあるが、一般的ではない。
・女性労働は詳しくふれるのが一般的。富岡製糸場⑪7、女工⑧3、工場法⑪7の深夜業⑥5
・女性解放運動⑧3は、詳しくふれるのが一般的。新婦人協会⑪7、青鞜社⑪6、婦人参政権獲得期成同盟会⑨5、治安警察法第五条改正⑧7、赤瀾会⑤4
・娘の身売り⑩7は頻出。ただし、売られる先の説明はない。廃娼運動④2も公娼制度の説明はない。
・女性風俗として職業婦人⑦6、モガ⑥5、宝塚少女歌劇⑤4などの記述がある。
・第二次世界大戦下の女性組織など戦時下の女性の記述としては、大日本婦人会④4、ひめゆり隊⑦3、女子挺身隊⑩7、従軍慰安婦⑦3、従軍慰安婦問題④2などがある。

近代（戦後）、現代

全体に占領期の改革が中心で、戦後の女性の権利運動についてはあまり記述がない。

・戦後改革では、女性参政権⑨7、女性代議士⑨6、男女共学⑥5、男女同権⑥5の新しい家族制度、新民法⑩7などの記述がある。

・その他現代の個所では男女雇用機会均等法⑤4が取り上げられている。

②人物

戦前は女性運動家と文学者・教育者が中心で、ほかの時代と比較して意識的に女性を多く取り上げていると推測できる教科書もある。教育者の津田梅子、女性運動家平塚らいてう、市川房枝、そして文学では与謝野晶子、樋口一葉などがかなり高い頻度で出てくる。そして戦後はまだ定型化せず、多様といえる。半数以上の教科書に載っている女性は六点の美空ひばりだけという状況である。

近代（戦前・戦中）

・女性運動家・教育者　**津田梅子**⑪7、**平塚らいてう**⑪7、市川房枝⑩7、伊藤野枝⑧6、景山（福田）英子⑦6、山川菊栄⑤6、岸田（中島）俊子④6、管野スガ③2、奥むめお②1、山川捨松①3、永井繁子（津田梅子・山川捨松とともにアメリカ留学）2、奥村五百子（愛国婦人会組織者）1

・芸術家　**与謝野晶子**⑪7、樋口一葉⑩7、松井須磨子⑥6、三浦環④5、大塚楠緒子④2、宮本百合子②3、吉屋信子②2、長沼智恵子①4、横田（和田）英（富岡製糸場の工女）2

・外国人　閔妃⑨6、柳寛順（三一独立運動参加の女子学生）①3

近代（戦後）、現代

・美空ひばり⑥3、並木路子③2、長谷川町子②1、羽仁もと子①2、笠置シヅ子①2、石垣綾子1、石牟礼道子1、緒方貞子1、加藤シズエ1、ベアテ・シロタ1

3 掲載図版

これまで、本文・特設ページ・コラム・注など文章を中心にみてきたが、歴史教科書には豊富に図版が掲載されていて、近年教科書のカラー刷り化の傾向も相まって、掲載図版が与える印象はきわめて大きなものがある。そこで、以下では掲載図版に注目してみよう。

図版には大きく分けて文化の項目で取り上げられている美術作品図版と、図像史料としての図版がある。これらは本文と何らかの形で関係している図版だが、このほか教科書には、各章の扉や表紙も含めて、時代や歴史そのものをイメージさせるために各所で図版が用いられている。そして直接目につくという点では、この図版がイメージ形成上、確かに大きな意味をもっているのである。

掲載図版のうち、美術作品としての掲載頻度を以下にあげる。

・近世以前　高松塚古墳壁画⑪の女性像、正倉院鳥毛立女屏風⑪、薬師寺吉祥天像⑩、能面（若い女性を表した小面④）、浮世絵（見返り美人図⑪、ポッピンをふく女図⑤）、彦根屏風②

・近世以降　狩野芳崖「悲母観音」⑨4、土田麦僊「大原女」②2、黒田清輝「湖畔」⑤4「読

書」③1、新海竹太郎「ゆあみ」⑤1、荻原守衛「女」⑧5、安井曾太郎「金蓉」⑥3、岸田劉生「麗子微笑」④1、竹久夢二「黒船屋」③3、上村松園「夕暮れ」、高畠華宵「移りゆく姿」（明治から昭和にいたる女性の風俗を描いた屏風絵）、大田章「和子の像」（戦病死した画学生の遺作）各1

ここから、いくつかの特徴点を指摘しよう。最初に美術作品としての図版だが、女性像が多いことが指摘できる。そして興味深いことに、複数の教科書を比べてみると、細かな資料は提示できないが、女性像である絵画・彫刻などをかなりの頻度で掲載している教科書がある一方で、女性像をほとんど掲載しない教科書もあることに気づく。両者とも特に意識してそうしているとは思われないが、教科書から受ける視覚的印象では、いずれも大きな影響があるといえる。

特に近世後期から近代で、女性像の美術作品が多いが、この点を叙述のうえで意識しているとはいえない点が気になる。これが第二の指摘である。近世では浮世絵は必ず掲載されていて、「見返り美人図」や「ポッピンをふく女図」など特定の女性像に人気が集中している。なかには、東日本と西日本の比較の特設ページに浮世絵美人画を掲載し、「瓜実顔のキリリとした粋な美人画」「ふくよかな丸顔の美人画」と、美人画の東西比較をしている教科書もある（B社b）。美人画を取り上げるのであれば、それが近世のある時期以降に出現する理由や大きく浮世絵全体のなかでの位置づけ、さらには浮世絵とは何なのかといった点も含め、浮世絵が置かれている社会的文脈を略述したうえで取り上げてほしいと思うのは筆者だけだろうか。

近代に入ると、黒田清輝の『湖畔』『読書』など洋画の女性像や、西洋彫刻の伝統のもとに女性裸像も急速に増え、女性像が美術作品の中心となっていく。これに対して女性画家は、やはり女性像を得意とした上村松園がわずかにAの教科書一冊で取り上げられているだけ、という状況である。

次に、図像史料扱いの図版については、本文叙述との関係もあるので、掲載頻度のような形では示しえない。(5) しかし通覧した結果としておおよその傾向を指摘すれば、時代別特徴でも指摘したように、叙述の最も少ない中世は図版でも女性がほとんど出てこない。また図像に描かれていても、それを意識したキャプションが付けられていない場合も多い。たとえば絵巻『一遍上人絵伝』の福岡の市の場面はよく取り上げられるが、そこに女商人が多いことを指摘する一文がつく教科書もあれば、鎌倉時代の市場としての一般的説明だけの教科書もある。また近代では、女性に関する図版は女性労働者(女工)・女性風俗・女性運動にほぼ限られ、挿絵的な扱いにとどまっていて、図版から何かを考えさせる説明などはほとんどみられないのが現状である。

しかしすでにふれたように、意識的に女性史関連のコラムを多く入れているD社の日本史A教科書などでは、コラムの叙述に関連した形でユニークな図版も入っている。たとえば、女髪結の浮世絵や、富岡製糸場の伝習工女の錦絵と工女だった和田英の写真、「明治民法と「家」」のコラムでの「不如帰」のヒロインの挿絵、そして「日露戦争と女性」では、どの教科書でも叙述されている与謝野晶子だけでなく、大塚楠緒子、さらには愛国婦人会を組織した奥村五百子の写真も掲載されている。また、朝鮮の三・一独立運動では、デモ行進する朝鮮の女子学生の写真などが図版として入っている。逆にいえば、図像資料が限られている近世初期以前を除けば、定型化した叙述には定型化した図版しか入らないという構図になっているのである。

4　教科書叙述と歴史教育・歴史研究

以上、現在使用されている高等学校日本史の記述内容・人物・図版の三項目について、ジェンダー分析や女性史の視点がどの程度生かされているのかをみてきた。やはり、全体にジェンダーを意識した編集方針がとられている教科書は、一部の例外を除けばほとんどないといえる。現在の日本史教科書、特に日本史Bは特定の用語を用いた定型化・細分化された叙述が中心で、社会の構造や変化を大きな視点や流れで捉える叙述はきわめて限られている。こうした叙述形式が、新しい研究の成果を生かしてジェンダーの視点を加えようとしても、なかなか難しい一つの理由となっている。

もちろん、教科書を比較すると、キャプションの短い言葉一つ、図表の簡単な解説文、あるいは本文の一文で、ジェンダーに注意を向けることは可能であることもわかる。また女性について叙述が難しい時代に関しても、教科書執筆者の専門によってかなり書き込まれた叙述を発見することがある。これは筆者の専門とする中世の分野で気づいたことだが、ある教科書（B社b）の女性と古代・中世仏教の記述は、尼寺の衰退、女人結界とその批判者、血や出産の穢れ観など内容が詳しく、現在の研究をよく反映している。こうした例を互いに学ぶことで、ジェンダー分析の視点をより加えた、ジェンダーにより鋭敏な日本史教科書を作ることは可能なのではないか。一教科書執筆者としても、そうした努力を続けていく必要があると強く感じたことは確かである。

しかし一方で、個人的な努力だけで教科書は変わるのかという疑問も当然生じるだろう。現在の教科書がそれぞれ個性を見せながらも、全体としてきわめて似通った印象を受けるのは、皮肉を言えば、執筆者がお互い真似たわけではない。そこに現在の教科書を作成する際の枠組みとして指導要領の問題があることは明確であり、その点を見ないで教科書を論じても、木を見て森を見ない議論になってしまうだろう。そこから、ジェンダーの視点を生かす方向性を指導要領などにも盛り込むよう働きかけを強める必要がある、といった主張が出てくる。確かに教科書の置かれている制度的枠組みを考えることは重要であり、現実的な運動としては、そうした方向を追求していくことが効果的だろう。

しかし、とやはり言葉を続けざるをえない。現在の教科書にジェンダーの視点を加えると、一体どのような教科書になるのだろうか。指導要領といった手段を通じて教科書を変えることは、どのような意味をもつのだろうか。そして、そうした教科書を人々――そこには学ぶ者／教える者、そしてそれ以外の者も含む――は、どのように受け止めるのだろうか。

第二の問いから考えていくなら、現在の教科書がジェンダー史研究の成果をほとんど反映していないことは、本書第7章で的確に指摘されているとおりである。歴史学研究者が歴史教育上の課題について発言する場合、このギャップがまず最初に問題にされるといってもいいだろう。素朴に考えても、公教育では学術研究に裏付けられた内容を教えるべきであり、その裏付けのない、いわば国家が教えたい事柄を恣意的に教えるといったことは論外である。そもそも「ジェンダー」という言葉の使用を避けて「男女共同参画」に置き換えられているとはいえ、そこで推進されている政策と、「教科書にもっと女性やジェンダー分析の視点を」という主張とは、矛盾するものではないはずである。そう考えれば、指導要領といった制度的枠組みを変えていこうとする主張は当然のものであるし、現実的で有効な方法だろう。ただし、皮肉なことではあるが、指導要領が指定する事項になったとき、それは国家が教えるよう指導した事項を意味する。つまり、研究の成果を教育に生かすといったレベルとは、ずれが生じることも無視しえない。多くの「研究の成果」のなかから国家が選び取った「成果」が指導要領が規定する現在の教科書であり、そうした構造そのものを問い直さなくていいのかという議論が当然生じるのである。

ここではこの点はそれ以上問わないとしても、研究の成果を現在の教科書に反映していく場合、現実的に難しい面があることは確かである。従来は目を向けられなかった分野に目が向けられ、研究が進展しているなかで、それらの成果をどのように教科書に生かしていけばいいのか。国家による選択という大枠の問題をおいても、何らかの形で成果を選択しなければならないという実際的な問題が生じるからである。これは最初の問い――どのような教科書になるのか――に関係する点である。たとえばヨーロッパ・中国中心だった従来の世界史は、現在、西南アジア研究の進展とともに大きく変化し、イスラム圏の歴史がかなり書き込まれるようになっている。さらに南アメリカやアフリカについても、まだ全体としての叙述は少ないものの、以前に比べれば増加したのではないだろうか。さらに日本史・世界史を通じて、王家や貴族たち以外のより広汎な人々の歴史、いわゆる民衆の視点からの歴史が、かなりの歴史教科書で留意されている。東アジアからの視点も同じである。こうしたなかで、現在の教科書にさらにジェンダーの視点を加えるとすれば、結局、女性史関連のトピック増加に帰結するのではないかと予測され、現実にそうした傾向があることは、すでに指摘したとおりである。

ところで、「現在の教科書」といったが、現在の高校日本史教科書を通覧していると、ある印象をいだく。それは教科書に叙述の型があることである。日本史Bで最も採択率が高い山川出版社の『詳説日本史』の通史叙述はその典型の一つであり、もう一つはテーマ設定型である。後者には多様性があるが、テーマを設定してそれをつなげていく点では共通性をもつ。

この両者の分岐点が、受験に必要な知識を盛り込まなければならないか否かにあることは確かだろう。日本史Bは、実教出版社の教科書のようにテーマ設定型もあるが、通史叙述型が多く、日本史Aでは逆にテーマ設定型が多くなる。日本史Bに比べて、日本史Aは受験ではほとんど使用されないので、受験を直接意識せず、むしろ日本史に興味をもたせることに主眼が置かれている。そこから、これまでの型にはまらない叙述が可能になり、通史ではないテーマ設定、特設ページやコラムなどが多用されることになる。そこに、近代以降について女性史やジェンダー分析の観点を入れる余地があるように推測できる。

しかし、日本史Aの教科書がすべて、ジェンダーの視点を打ち出しているわけではない。教科書によって特色があり、たとえばC社の教科書は、「世界からのまなざし」というコラムを設けて、「国境を超える歴史認識の可能性」など、七人の外国あるいは在日の外国人たちが書き下ろした文章を載せている。この教科書では、国際社会のなかでの近代日本に力点が置かれていて、特に東アジアの中国や朝鮮との関係は、その前史も含めて重点的に叙述されている。なかに「植民地に渡った日本の少女」というコラムがあるが、植民地・占領地に渡った日本人に焦点があり、少年でも少女でもいい内容となっている。そのほかの本文記述は、ほかの教科書と特に異なる点はない。現代から叙述を始めるなどユニークな点も多いこの教科書の本文を、旧来型の教科書叙述と比較すると、力点を置く分野では新しい記述内容をいくつも指摘することができるが、そうでない分野については、ほかと同様の無難な記述にとどめているという印象を受ける。そしてジェンダーの視点については、後者に入るといえるだろう。

日本史Aでは、おそらくジェンダーの視点を強く打ち出した教科書も不可能ではないだろう。しかし、右で指摘したように、その同じ教科書がアジア諸国との関係では平凡な叙述しかしていないというギャップが生じる可能性も否定できない。これが、ジェンダーの視点とアジアからの視点のどちらがより重要なのか、といった問題でないことは明らかである。

そのうえにもっとやっかいな問題は、通史叙述型には明らかに定型化された叙述が満ちていて、それを真の「型」というなら、教科書執筆者がその「型」から自由ではない点である。そしてさらにいえば、これは前にあげた三つの問いの三番目にも関係してくるが、教える側もあるいは学ぶ側も、その「型」から自由ではない点で同様であり、「型」に戻ることをむしろ欲しているかにみえるのである。かつて使用された山川出版社の歴史教科書が最近一般図書として刊行され、販売好調だという。この現象は、教科書叙述の「型」が、日本史叙述の「型」の原点であるかのように人々が捉え始めていることを示すのではないかとさえ思える。そこには、山川出版社の教科書なら「偏向」もなく安心であり、「正統」な日本史が叙述されているのではないか、という期待がある。もちろん、実態としての教科書、たとえば『詳説日本史』は、時間とともに種々再検討され、変化している。また、同じ通史叙述型といっても、各教科書を比較すれば当然のように異なる点が多く、細かな点で取り上げている事項、注目している側面などがいろいろと異なることは確かである。しかし、定型化していることは否定できない。

この教科書の定型化した叙述、それを望む人々という構図は、誰が歴史の書き手かという問題に波及していく。専門研究者が歴史を研究し、その成果を叙述したものを、歴史教育で教えるという構図自体は、一見何の変化もしていないように見える。だが歴史教育の場ではかつて当然視されていたこの構図の内実が問われ、根本的な疑義も提出されていることを、今野日出晴は論じている。(6)

今野は、歴史における「物語論」の影響下で出てきた、歴史学の専門研究者が「生産」（叙述）した「歴史」の消費形態として歴史教育を位置づける所論、あるいは「歴史学の成果」＝「歴史知識」を相対的なものとし、歴史教育では「歴史的構想力・物語構成力」こそ重視すべきという所論にふれ、歴史教育を歴史学から切り離すこうした方向性を危惧し、「歴史への真摯さ」という歴史研究の核心部分は歴史教育でも欠くべきではないと批判する。そして、歴史教師は生徒とともに過去の「生きられた経験」に眼を凝らし、それを授業のなかで学ぶ者の経験と交錯させることで、ともに歴史をつづるものとなっていく、と主張する。

今野の後半の主張は、このようにまとめてしまうと抽象的にすぎるが、真剣な授業実践例とともに紹介されると、歴史教育が人と人との営みであるという原点を再確認させられ、教科書だけを扱うことの狭さと限界とを痛感する。教師にとっては、「授業で何が教えられるかという議論を抜きにして、教科書だけ論じられても」というのが率直な感想だと思われる。実際、歴史の授業で教科書はほとんど使われなかったという経験をもつ人々も多いだろう。

そこから、歴史教育の場を欠いた歴史教科書とは何かという問題も生じる。科学の教科書であれば、集積された知識を体系化したものと単純に定義できるかもしれない。これに対して、歴史教科書は何のために、何を目的として作られるべきなのかという問題は、より根源的に、歴史を何のために教え、学ぶのかという問題に立ち戻っていくだろう。ここではこうした問題を論じる用意は全くないが、少なくとも、受験用の知識といった生の形の知識習得が歴史教育の目的にあるという考え方の下では、現在の教科書での叙述の「型」が変わらないのは当然といえるだろう。

おわりに

問題が少し拡散してしまったが、最後に本章の執筆意図に絞って、教科書にジェンダーの視点を加えていくためにはどうすればいいのかと、もう一度問い直したい。

一つは、本書第1章が紹介するアメリカの教科書の事例が参考になる。何百ページにもわたる歴史教科書の内容は、教養として知っておいたほうがいいというほどの意味では習得すべき知識なのだろうが、暗記すべき知識でないことは明らかである。その叙述方法、問いかけの仕方をみると、歴史は、自らのいまを考えるための思考トレーニングであるといった位置づけがなされているように見受けられる。日本の歴史教科書の多くでも、「「現在」そして「未来」を考えるため」という言葉は、「歴史を学ぶ目的」など、教科書の冒頭によく書かれている言葉である。しかし、誰のいまであり未来かという点は曖昧で、実は個というより集団であるように感じられる。国民統合を前面に打ち出した教科書でなくとも、日本国民が前提にあり、現実に個が存立しているさまざまな立場は、歴史を考える際の視点として十分に尊重されているとは言いがたい。その視点の一つにジェンダーが含まれていることは確かである。

それぞれが、集団に属する側面だけでなく、それも含めて現実に個が存立しているさまざまな立場を十分に尊重したうえで、個としての私を考えるための歴史教育――そのための複眼的視点をもった歴史教科書を作ろうと意図するとき、ジェンダー分析の視点は不可欠なのである。

注

(1) 以下、本章第1節から第3節は、二〇〇九年十二月に開催されたシンポジウム「歴史教育とジェンダー」で報告した内容である。また第4節は、この報告内容をもとに、一〇年九月に新たに補足した部分である。

(2) 調査した教科書を記す。なお発行年の下に検定年を記した。『詳説日本史 改訂版』山川出版社、二〇〇九年・二〇〇六年、『新日本史 改訂版』山川出版社、二〇一〇年・二〇〇七年、『高校日本史B 新訂版』実教出版、二〇一〇年・二〇〇七年、『日本史B 新訂版』実教出版、二〇一〇年・二〇〇七年、『新選日本史B』東京書籍、二〇一〇年・二〇〇三年、『日本史B』東京書籍、二〇一〇年・二〇〇三年、『高等学校日本史B 改訂版』三省堂、二〇一〇年・二〇〇七年、『新日本史B』桐原書店、二〇一〇年・二〇〇三年、『高等学校最新日本史』明成社、二〇一〇年・二〇〇二年、以上日本史B。『高校日本史A 新訂版』実教出版、二〇〇九年・二〇〇六年、『日本史A――現代からの歴史』東京書籍、二〇一〇年・二〇〇七年、『日本史A 改訂版』三省堂、二〇一〇年・二〇〇七年、『高等学校日本史A 改訂版』清水書院、二〇一〇年・二〇〇六年、『高等学校 改訂版 日本史A』第一学習社、二〇一〇年・二〇〇七年、以上日本史A。本文では同一の社から二種出されている場合は、A社aのように示した。

（3）全国歴史教育研究協議会編『日本史BA併記用語集 改訂版』山川出版社、二〇〇九年

（4）本章が対象とする日本史という枠組み自体の問題は、歴史を何のために学び、教えるのかという論点とも関わって重要な点だが、ここでは論じない。なお、日本の歴史教科書が、世界史でもジェンダーの視点で問題が多いことは、本書第5章の三成美保「高校世界史教科書にみるジェンダー」が指摘するとおりである。

（5）教科書にどのような図像史料が掲載されているのか例示するため、以下、日本史Bのいくつかの教科書の図版について、時代を通して示す。

女房装束、庶民の家で糸を紡ぐ女性、備前福岡市の男女、法然の説法を聞く男女、借上から金を借りる女、洗濯する女性、風流踊りの女性、桂女、阿国歌舞伎、尾張の織屋で働く女性、男女別席の心学道話の聴聞、以上近世以前。製糸場（働く士族の子女）、文明開化時の銀座の風景（洋装の女性）、演説する岸田俊子、女子英学塾、印刷工場で働く女性労働者、青鞜の表紙とその同人たち、挨拶する市川房枝、三・一独立運動の女子学生のレリーフ、ガスを使う生活（髷を結った女性が写る）、脚光をあびる和文タイプ（タイピストたちの写真、職業婦人の説明）、「モダンガール」、勤労動員（女学

生も工場へと動員されたという説明)、出征兵士の見送り(大日本婦人会の説明)、元従軍慰安婦(補償問題の個所で掲載)、抗日愛国を訴える中国女子学生、朝鮮女子挺身隊員、戦後初の女性代議士、以上近代以降。

(6)今野日出晴「歴史を綴るために――〈歴史教師〉という実践」「思想」二〇一〇年八月号、岩波書店、二一〇ページ

第7章

女性史・ジェンダー史の成果は教科書に生かされているか

――日本近世の場合

長野ひろ子

はじめに

日本の女性史は戦前から長い研究史をもつ。一九八〇年代には、それまでの在野的立場からアカデミズムへも進出を遂げた。ただし、それはメイン・ストリームへの「上昇」というわけではなく、あくまでも周縁に配置されたにすぎなかったが……。

ジェンダー史研究が日本で本格的に開始されたのは、一九九〇年代に入ってからである。日本でも社会学ではすでに八〇年代に、女性学さらにジェンダー学としてジェンダー概念が導入されていた。だが、日本女性史は当初、日本の女性学・ジェンダー研究と歩調を合わせることはなかった(1)。また、現在でも歴史学では、欧米諸国でみられる「女性史からジェンダー史へ」の移行がスムーズに進んでいるわけではない。

本章では、このような日本の女性史とジェンダー史の独特の関係(2)を意識しながら、第6章での日本史全般にわたる論述を踏まえ、「女性史・ジェンダー史の成果は教科書に生かされているか」、日本近世を事例として考察した。検討したのは、高校教科書日本史B全十一種である。

1　「極少化された」女性たち

『日本史B用語集』[3]によれば、近世での女性人物の登場は、「極少」という表現がぴったりするほどわずかである。すなわち、出雲阿国・小谷の方（お市の方）・徳川和子（東福門院）・明正天皇（興子内親王）・桂昌院・後桜町天皇・エカチェリーナ二世・中山みき・和宮の九人にすぎない。[4]このうち、すべての教科書に記載されているのは、出雲阿国と和宮の二人だけである。小谷の方と後桜町天皇は、一種類の教科書だけの登場である。女性たちのほとんどが最上層の女性であることも気にかかる。さらに最も問題と思われる点は、せっかく女性人物が登場しても、それが性別を意識した記述にはまるでなっていないことである。[5]これでは、全くのジェンダー・ブラインドと言わざるをえない。

では、女性に関する用語ではどのような特徴があるのだろうか、同じく『日本史B用語集』をもとにまとめたのが表1である。[6]まず用語数が「極少」に近く、しかもすべての教科書に記述されている用語が皆無であることに驚く。しかし、ここでどうしても指摘しておかなければならないのは、このなかにある「遊里」と「大奥」の記述の仕方である。八種類の教科書に記載がある「遊里」の場合、ほぼ判で押したように江戸町人文化が展開した華麗な空間と洒落本の舞台として描かれるだけで、売買春・公娼制の空間として、女性の人身売買、性の搾取・冒瀆の場だったという本質には

表1　高校教科書日本史Ｂ全11種にみる女性関連用語と使用頻度

用語（使用頻度）	参考（使用頻度）
入鉄砲に出女（４）	
大奥（４）	倹約令（10）
振袖火事（２）	明暦の大火（10）
遊里（８）	洒落本（11）、江戸吉原（１）、京都島原（１）、大坂新町（１）
男尊女卑（３）	三従の教（５）、七去（２）、家長（７）、長子単独相続（１）
離縁状（５）、三行半（６）	縁切寺（駆込寺）（３）、東慶寺（４）、満徳寺（３）
娘組（１）、娘宿（１）	若者組（１）、若者宿（１）
女大学（４）	
女髪結（１）	島田髷（１）
娘浄瑠璃（１）	
瞽女（１）	
娘子軍（２）	白虎隊（２）

（出典：全国歴史教育研究協議会編『日本史Ｂ用語集』〔山川出版社、2008年〕から作成。用語は、本文・注・図版説明・整理図解・書名・美術品一覧表に限定）

全くふれていない。「大奥」についても、近世後期、寛政改革・天保改革時に出された倹約令の対象として記述されているにすぎず、セクシュアリティはもちろん、幕藩制国家で果たした政治的役割についても不可視のままである。なぜこのような本質を外した記述になるのか、理解に苦しむところである。

2　「ゲットー化された」女性たち

すべての高校日本史Ｂ教科書は、近世では女性の地位が低かったことを記述している。では、それらがどのような文脈でどのように記述されたのか、例をあげてみよう。

Ａ　各身分は家を単位に構成されていたが、家の存続が重視されたため、家内部では家長の権限が強くなった。相続は長子相続が一般化し、女子や次・三男以下の地位は低くなった。女性は一般的に男性の下位におかれ、法的にも同等ではなかった。このような傾向はとくに武士身分に顕著であったが、上層の百姓や町人にも及んだ。(7)

B　身分は家ごとに世襲され、武士は領地や俸禄を、百姓は耕地を、町人は職業や財産を、それぞれ親から子へとうけついで生活をたてた。そのため、家長の権限が強くなり、家をつぐ長男が重んじられた反面、次三男や女子の家庭内での地位は低かった。また、武士にあっては、女性が家督をつぐことは許されず、財産を相続する権利も認められていなかった。(8)

女性の地位に関する記述は、ほぼ例外なく「身分秩序と家」についての項目に収められている。(9)内容的には、女性の家内部での地位の低いことがすべての教科書に記載されているほか、武士や上層町人・上層農民の女性の地位が特に低いという記載も過半を占める。さらに、Bのように、武士にあっては、家督や財産相続の権利を認められなかったという記載も多い。ただし、この点については、「女子には、家督を継ぐ権利や財産相続の権利が認められなかったが、武士の妻や使用人をもつ町人の妻の法的な地位は、夫に準ずるものとされた(10)」と、逆の考え方を述べている教科書も一種類だけある。

いずれにしても、女性たちの状況を述べたところが、身分秩序と関連させて述べている家や家制度に限定され、ゲットー化されてしまった感は否めない。また、女性の地位が中世からどのように変化してきたのか、なぜ近世女性の地位は低いのかについて、納得できる記述が十分になされているのだろうか。生徒たちは、「女性の地位が低い」という事実にとどまらず、なぜそうなったのか、歴史的変容過程とその要因を知りたいのに違いない。

ところで、家での女性の地位の低さに関して、大半はこれ以上言及していないが、例外的に二種類の教科書だけに、武士の家では本妻以外の女性が存在したとの記述が見られる。それぞれどのような記述なのかを以下に示す。

A　男尊女卑を当然とする考え方も、家柄を最優先にする武士の場合に強くあらわれ、家の都合で妻を離別でき、跡つぎをえるために本妻以外の女性をむかえることも行われた。[11]

B　特に武士の社会では、女性の地位は低く、家風にあわないなどの理由で一方的に妻を離別したり、跡継ぎをえるために妻以外の女性を迎えることもおこなわれました。[12]

ここでは、妻以外の女性の存在理由が明示され、その理由は二書とも全く同じ「跡継ぎをえるため」というものである。はたしてそれだけだろうか。第十一代将軍徳川家斉は、正室と多くの側室との間に五十数人の子女をもうけている。[13] また、肥前平戸藩主松浦清（号静山）は、家督を息子に譲り隠居して後、側室との間に何人も子をもうけているが、[14] この場合、明らかに「跡継ぎをえるため」というのは理由にならない。さらに、二書とも「妻以外の女性」という表記で共通し、「妾」「側室」などの直裁な表現を避けているのも気になる。セクシュアリティの領域、特に男性の性的欲望に関する事柄や性の二重規範の存在は、教科書では取り上げられないのである。

3 「見直された」女性たち

前述したように、一九八〇年代、女性史は社会史・家族史などとともに大きく進展し、アカデミズムの片隅に居場所を与えられた。では、女性史の研究成果は教育にどのように「還元」されたのだろうか。そこで、ある種の「取捨選択」がおこなわれたことはなかったのだろうか。

まず目立つのが、離縁状をめぐっての新解釈の採用である。(15)

A　三行半で書かれたので「三下り半」と呼ばれた。必ず夫から妻へ与えられ、その点では女性の地位の低さを示しているが、夫が妻の了解なしに一方的に離婚を決めることはむしろ少なかった。女性にとっては、再婚許可書の役割もはたした。(16)

B　かつては夫が自分勝手に妻を離縁できたとして、女性の地位の低さを示すと考えられていたが、最近の研究では、妻に落ち度がある場合も同様の文章が書かれていることがわかった。(略)むしろ重要なのは再婚許可の文言で、女性は離縁状をもらうことによって再婚の自由を得ることができ、事実そうした女性も多かった。江戸時代の女性の地位は、従来まで考えられていたほど低いものではなかったのである。[17]

これまで離縁状は、夫から妻へ一方的に与えられ、江戸時代の妻の地位の低さの一つの象徴とみなされていたが、女性史、家族史の分野から新しい見解が示された。それは、離縁状は夫から妻へ与えられるが、夫が妻の了解なしに一方的に離婚を決めることは少なく、むしろ重要なのはそのなかにある再婚許可の文言であり、女性は離縁状をもらうことで再婚の自由を得ることができた、という主張である。いわゆる夫専権離婚説に対する協議離婚説の提起であり、なおかつ妻の「再婚の自由」を強調するのが特徴である。ただし、現段階でもこれが通説になったとはいえない。離縁状を出すのは普通男性に限られ、加えて女性だけが再婚の際「元夫」の許可書が必要であることなどから、これがなぜ従来考えられていたほど近世女性の地位は低くなかったという見解につながるのか、学界でも異論が少なくないのである。ここではむしろ、それがいち早く教科書に登場したことに注目しておきたい。ただし、現代の高校生がこのような見解をはたして違和感なく理解できるのか、不安は残る。

女性の教育・リテラシーに関する記述にも一部変化が見られた。以下に例示するように、大半の教科書は、近世後期になると女子にも寺子屋などで教育がおこなわれていた、と記述している。

A　女性の寺子屋師匠もおり、貝原益軒の著作をもとに書かれた『女大学』のような女性の心得を説く書物などが出版され、女性の教育も進められた。[18]

> B　実際に寺子屋で使われるときは、女子を儒教で教育する教材であったが、嫁入り道具となった「女大学宝箱」は、若いお母さんたちがこっそり王朝の絵巻を楽しむ本であり、同時に健康と育児のために身近におくと便利で実用的な本だったのである。この結果、「女大学」は大当たりして、幕末にいたるまでさまざまな版が出たのであった[19]。

なかにはBのように、女性への「三従の教え」として知られる『女大学』についても、そうした意義よりは、女性のリテラシーや女子教育上の重要性を強調する場合があり、『女大学』に一定の意義を認めているのが特徴である。儒教道徳を教え込む一方で、これらが健康・育児その他の生活マニュアル本として女性たちに利用された面を、むしろ肯定的に評価するのである。これも女性史研究の成果の一部であることに間違いはない。

一九八〇年代以降、近世女性史は、政治、経済、文化の多方面にわたって研究を進め、また武家、商家、農家の女性たちの姿を丹念に描き出してきた。その一部が、離縁状や『女大学』に関する右のような教育への「還元」となったということになる。近世女性像の「見直し」がなされたのである。ただし、その「見直し」の方向が、いずれも「近世女性の地位が低い」という記述の緩和、すなわち「女性の地位は、従来まで考えられていたほど低いものではない」という見方を導いたのは興味深い。なぜなら次項で述べるように、女性史さらにジェンダー史の多岐にわたる成果の大半は、教育現場に「還元」されることはなかったからである。

おわりに――「隠された」女性たち

女性史・ジェンダー史の成果は教科書に生かされているかという問いに対し、少なくとも日本近世については部分的・限定的にしか生かされていない、と言わざるをえない。女性史・ジェンダー史研究は、「政治と女性」「政治とジェンダー」や「労働とジェンダー」、思想・宗教、公娼制などの分野で著しく進展した。だが、これらの成果の大半は、教育現場に届けられることはなかったのである。したがって、政治的・公的領域で活躍した女性たち、人身売買の対象とされた女性たちなどは依然として隠蔽されたままである。特に後者については、以下に引用する若桑みどりの『新しい歴史教科書』[20]に対する批判が、そのままますべての高校日本史B教科書に当てはまることとも合わせて、看過しえない点である。

もっともよくないのは、封建制の下で一夫多妻制に苦しみ、三界に家なく、三従、七去の儒教的道徳に泣いた女性たちの暮らし、そして貧しい女性を前借金で人身売買した公娼制度についてなにも書かず、江戸時代を通過したことである。しかも、それらの娼妓を描いた浮世絵を世界に誇るものとして書いている。[21]

前述した女性の地位について付け加えれば、家に「ゲットー化」された女性たちは、近年の女性史・ジェンダー史が明らかにしてきた村落共同体や町共同体でのジェンダーの非対称性という視点では全く記述されない。また、ジェンダー史による身分制社会論批判なども一顧だにされない。士農工商という国家の身分秩序の下で、各身分階層の女性たちが身分主体たりえなかったというきわめて重い事実は、依然として不可視の状態にある。

ほかに、女性に関する記述が「テーマ学習」「歴史の追究」などのかたちで巻末に配置され、選択学習になっていることも多い。ここでも「ゲットー化」は避けられるべきだろう。

注

（1）一九九五年、社会学者の上野千鶴子は戦後の日本女性史を総括・批判しながら、「女性史からジェンダー史へ」の移行による「歴史学のジェンダー化」を提唱したが、すんなりと受け入れられることはなかった。上野千鶴子「歴史学とフェミニズム――「女性史」を超えて」、朝尾直弘／網野善彦／石井進／鹿野政直／早川庄八編『歴史意識の現在』（「岩波講座日本通史」別巻一）所収、岩波書店、一九九五年

（2）日本の女性史とジェンダー史の独特の関係については、筆者も以下で論じたことがある。長野ひろ子「日本におけるジェンダー史と学術の再構築」、歴史科学協議会編「歴史評論」二〇〇六年四月号、校倉書房、同「日本における女性史とジェンダー史の独特の関係について――第七回女性史研究国際連盟会議報告」『ジェンダー史を学ぶ』吉川弘文館、二〇〇六年

（3）全国歴史教育研究協議会編『日本史B用語集』山川出版社、二〇〇八年

（4）高校教科書日本史Bは、ペリー来航・開港以降はすべて近代の時代区分に含まれる。ここでは、中山みき・和宮の二人が近代で扱われている。

（5）桁違いの多さで登場する男性人物も、性別を意識した記述になっているわけではない。なお、このような量的記述の圧倒的な差は、男性＝一般、女性＝特殊というこれまでの歴史学の構図やジェンダーの非対称性を教科書にも持ち込む結果となっている。

（6）注（4）で指摘したように、ここでは、娘子軍・白虎隊が近代で扱われる。

（7）『日本史B 新訂版』実教出版、二〇〇九年、一九二ページ

（8）『新選日本史B』東京書籍、二〇〇九年、一一六ページ

（9）一種類だけ、本文の「江戸時代の身分制」の項目に記載がない。しかし、選択学習とされる「歴史の追究」のなかで、「法制の変化と女性」として三分の二ページほどが近世部分の叙述にあてられている。『高校日本史B 新訂版』実教出版、二〇〇九年、二〇〇八ページ

（10）『日本史B』東京書籍、二〇〇九年、一八五ページ

（11）『日本史B 改訂版』三省堂、二〇〇九年、一七四ページ

（12）前掲『高校日本史B 新訂版』二〇八ページ

（13）側室は四十人、このうちの十七人の側室ならびに正室との間に五十五人の子女をもうけた。斎木一馬／岩沢愿彦校訂『徳川諸家系譜』第一、続群書類従完成会、一九七〇年、七〇―一〇八ページ

（14）随筆「甲子夜話」の著者として知られる松浦清（静山）は、一八〇六年（文化三年）に家督を譲り隠居してから、男子十一人、女子九人の計二十人の子をもうけている。氏家幹人『殿様と鼠小僧――老侯・松浦静山の世界』（中公新書）、中央公論社、一九九一年

(15) もちろん新解釈を採用していない教科書もある。
(16) 前掲『高校日本史B 新訂版』一一五ページ。これは、本文ではなく、掲載した離縁状の写真の説明文である。離縁状についてはこのようなかたちが多い。
(17) 前掲『日本史B』二〇七ページ。これは、「江戸時代の離婚と女性」という半ページほどのコラムに書かれている。離縁状の写真も掲載されている。
(18)『詳説日本史B 改訂版』山川出版社、二〇〇九年、二一九―二二〇ページ
(19) 前掲『新選日本史B』一五三ページ。これは、本文中ではなく、近世の「新しい学問の形成と化政文化」の項にある「歴史を探る――ベストセラー「女大学宝箱」」の記述である。
(20) 西尾幹二ほか『新しい歴史教科書』扶桑社、二〇〇一年
(21) 歴史学研究会編『歴史研究の現在と教科書問題――「つくる会」教科書を問う』歴史学研究会、二〇〇五年、一〇九ページ

第2部

文化・サブカルチャーを中心に

第8章

歴史教育の役割

——「歴史」と「自分」を架橋するために

荻野美穂

はじめに

日頃、大学で接する学生たちを見ていると、歴史に対する矛盾した態度を感じることが多い。一つは、「自分たちとは関係ない」「歴史を勉強しても、自分の役に立たない」「だから興味もない」といった、歴史と自分、あるいは歴史と現在とを全く無関係で断絶したものと見なす態度である。その背景には、おそらく小中高での学校歴史教育を通じて作られた、歴史とは人名や年号を丸暗記するだけの退屈なもの、というイメージがあるのだろう。

その一方で、テレビの大河ドラマや時代劇映画を観る際には、現代の価値観や常識をそのまま過去に投影して、歴史を「わかった」つもりになるという傾向も強い。たとえば二〇〇八年度のNHK大河ドラマとしてヒットした『篤姫』では、徳川将軍家の大奥という特殊な社会が舞台であるにもかかわらず、きわめて現代的な「家族」の観念をそのまま持ち込んだような場面やせりふが少なくなかった。視聴者の多くもまた、それをおかしいと思うこともなく、自らがもつ「家族」のイメージがどこまで普遍化できるものなのかを疑ってみることもないまま、ドラマを「歴史」として楽しんでいたようである。

この歴史に対する断絶感と安直な「理解」という二つの態度は、実は矛盾したものではなく、歴史教育を通じて正しい歴史感覚が養われてこなかったことに由来する、表裏一体の現象なのではないだろうか。

1　歴史教育の役割

歴史教育が果たすべき役割とは、次の三点にあると私は考えている。

①現在は過去の延長線上にあり、私たちはすべて「歴史的存在」であることを認識させる。現在、自明で自然に見えることも、過去のさまざまな分岐点における選択や交渉の積み重ねの結果として作られ、生まれてきたものであり、現在が過去の延長上にあるように、現在の私たちの行動や選択が未来の歴史を作っていくことになると知らせる。

②同時に、現在と過去との違いを知らせる。時代が違えば、同じ日本という空間のなかであっても、異なった意識や行動がどれほど「当たり前」だったか、また、なぜその時点ではそれが妥当性をもちえたかを、それぞれの時代的文脈に即して理解させる。

③ポジショナリティ（立場性）による歴史の多様性を認識させる。これは、たとえ同じ時代であっても、誰の視点から見るかによって、歴史の見え方も、また何を歴史の重要なテーマと考えるかも異なってくるからである。ジェンダー（性別）の視点を導入することの重要性もそこにある。かつて、ジョーン・ケリーというアメリカの女性史研究者は「女にはルネサンスはなかった」と主張した。それは、「人間解放の時代」とされるルネサンスだが、この時期に女性の自由度はそれまでよ

りもかえって制約されるようになったからであり、このように立ち位置が異なれば、歴史的な経験の内容もそれに対する評価も異なってくる。(1)ジェンダーにかぎらず、階級や人種、社会的マイノリティなど、ポジショナリティのあり方もまた多様であり、それにともなってさまざまに異なる視点、異なる歴史がありうる。

この三点を要約すれば、歴史の連続性と変化、および多様性・複合性を理解し、そこから単純な進歩主義や、その反対である懐古趣味、あるいは独善的な善悪二元論的見方などに陥らない、自己=現在を相対的に見る視点を身に着けられるようにすること、それが歴史教育の役割ではないだろうか。

では、生徒や学生に、歴史とはエライ人々だけに関係したものではなく、自分ともつながりのあるものなのだと感じさせ、このような歴史感覚を育てていくためには、具体的にどうすればいいのだろうか。

日本社会は、高度経済成長期を境に大きく変化したといわれる。だが、現代の若者にとってはその高度成長でさえ、もはやはるかに遠い過去の出来事にすぎず、さらにIT時代を迎えて社会全体が急激に変容しつつあるなかで、歴史、すなわち古い時代と自分とのつながりを感じ取ることは、これまで以上に難しくなってきている。そのなかで歴史教育をたんなる暗記物や受験対策以上のものとするには、教科書の内容の再検討をはじめとしてさまざまな工夫や知恵が必要になるだろうが、若い世代にとってなるべく身近に感じられるテーマ、いわゆる社会史的なテーマを取り上げるのも、一つの効果的方法ではないだろうか。以下では、私の専門である性と生殖の歴史を例に、「歴史」と「自分」、あるいは「現在」をどのように架橋していけるかについて考えてみたい。

2 近代日本の生殖の歴史から

現代の日本社会では、「できちゃった結婚」が増えつつあるといわれているが、基本的には子どもは計画的に「つくる」ものであり、その数は二人が「普通」だと考えられている。そして生殖――産むか産まないか、いつ、何人産むか――を意図的・計画的にコントロールする手段としては、避妊が中絶よりも望ましく、捨て子や子殺しは論外だとされる。もし、いま子どもができたら困る、あるいは子どもを望まないという状況であれば、性行為にあたってきちんと避妊をすることが、「責任ある正しい市民道徳」と見なされているのである。だが、堕胎や間引き、捨て子が生殖コントロールの手段として用いられていたとされる江戸時代ばかりでなく、明治・大正期の日本でも、今日のような避妊を「正しいこと」とする考え方は全く常識とはいえなかった。

たとえば、一九一一年（明治四十四年）に雑誌「青鞜」を創刊し、発刊の辞の「原始、女性は太陽であった」の言葉で知られる平塚らいてうは、日本のフェミニズムの先駆けというべき女性である。大正時代、その「青鞜」に掲載された短篇小説をきっかけに、当時の先端的フェミニストたちが避妊と堕胎の是非について意見を戦わせたことがある。そのなかでらいてうは、避妊は堕胎よりも醜悪で、恋する二人の神聖な愛の行為を侮辱するものだと、激しく嫌悪する文章を発表している。避妊が一般化すれば、女性はますます男性の性欲のはけ口、享楽の道具におとしめられる恐れがあり、もし子どもを望まないなら、男女双方の自制力によって性的禁欲を守るべきだというのが、彼女の主張だった。すなわちこのころには、女性の自由や個人としての自立を求めるフェミニストであっても（むしろ、であればこそ）、必ずしも避妊を女性にとって好ましいもの、必要なものとは考えていなかったことがわかる。(2)

また、森鷗外の妻しげも、夫が自分に黙って避妊をおこなっていた事実を知り、夫婦の性と生殖は一体であるべきにもかかわらず、避妊によってそれを切り離すのは妻を娼婦扱いすることだと悲しみ怒ったというエピソードを、短篇小説の形で残している。(3) つまり二十世紀初頭の日本では、避妊は不自然な行為であり、むしろ罪悪だという感覚が広く存在していたのである。

一方、西洋では十九世紀から、下層階級の貧困問題解決のために避妊を導入すべきだとする新マルサス主義の運動が広まりつつあったが、第一次世界大戦ごろから、アメリカのマーガレット・サンガーらによって、新たにバース・コントロール運動がさかんになっていった。この運動は、避妊はたんに貧困対策としてばかりでなく、女性自身が産む／産まないを自己決定するために必要だと主張した。これが、それまでの新マルサス主義とは異なる点だった。

日本でもサンガー来日の影響もあって、一九二〇年代から三〇年代前半（大正から昭和戦前期）にかけて、知識人を中心に避妊知識を広めようとする産児調節／制限運動が盛り上がりを見せた。折からの不況下で、国民の間にも家族数を制限したいという切実な欲求が高まりつつあった時代でもあり、各地に相談所が作られ、産児調節についての本や雑誌記事が数多く出版され、店頭や通信販売を通じて避妊器具がかなり出回るようになった。

しかし、そこでも避妊は無条件に推奨されたわけではない。女性のなかにはサンガーと同じく、避妊を女性の権利の問題として主張した人もいた。だが、産児調節が必要な理由として大方の論者があげたのは、労働者階級の生活難の緩和のため、人口過剰からくる対外的膨張が戦争につながるのを防ぐため、さらにはハンセン病や「精神薄弱」の患者など、優生学的に「劣等」と見なされた人々に子孫を残させないためなど、天下国家の「公益」や秩序維持という目的が中心であり、それ以外の個人の都合や快楽目的の避妊は、「個人主義的」「利己的」であるとして否定された。つまり、避妊をするしないは個人が勝手に決めていい事柄ではなく、国家や社会の利益という観点から見て、「しなければならない避妊」と「してはならない避妊」があると考えられたのである。

さらに一九三一年の満州事変以後、四五年の敗戦に至るまでの戦時期には、国民の生殖行動に対する国家の関心と干渉がいっそう強まることになった。国民は兵力・労働力としての「人的資源」と見なされ、その人的資源を質と量の両面から管理するための役所として、三八年に厚生省（現在の厚生労働省の前身）が新設された。とりわけ女性は「子どもを産む装置」として、二十一歳までに結婚して平均五児をもうけるように期待され、十人以上の子どもを産み育てた夫婦は国民の模範として表彰された。健康な子どもが生まれるように妊婦を管理する妊産婦手帳の制度が作られたのもこの時期で、この制度は戦後も存続し、母子健康手帳となって現在まで続いている。その一方、遺伝病などをもたない健常者が避妊や中絶をすることは、「産めよ殖やせよ国のため」政策に背く非国民行為として非難され、禁止や取り締まりの対象になった。

だが第二次世界大戦に敗れた日本は、海外植民地を失い、荒れ果てた国土にあふれる飢えた国民をかかえて、一転して人口過剰に苦しむことになる。日本の占領統治にあたったGHQ（連合国軍最高司令官総司令部）は、人口過剰問題が占領統治を困難にすることを恐れて、日本政府に人口抑制策を導入するよう圧力をかけ、国民の間からも産児制限の必要が強く叫ばれた。そのなかで一種の対症療法として、一九四八年に制定された優生保護法によって、条件付きで中絶と不妊手術が合法化される。さらに同法の矢継ぎ早の改定によって中絶を認める条件が大幅に緩和されたことで、刑法上では中絶を禁じた堕胎罪が存続しながらも、事実上の中絶自由化が進行した。中絶件数の激増と反比例して出生率は急降下したが、そのなかで、中絶の氾濫がもたらす弊害も大きくなるにつれ、政府はようやく重い腰を上げて、受胎調節（避妊）の普及に取り組むことになるのである。

一九五〇年代初頭、まず三つのモデル村で実験的に受胎調節指導がおこなわれた後、五〇年代半ばから六〇年代にかけて、本格的に国策として避妊を教える家族計画運動が展開される。この運動の目的は、避妊指導を糸口として、国民に生殖を合理的に管理する思考や近代的な生活習慣を身に着けさせ、国民全体の資質の改善をはかることにあった。この意味での家族計画指導が最も大規模かつ組織的に展開されたのが、企業体での「新生活運動」と呼ばれる運動である。

日本鋼管を皮切りに、当時の日本を代表する多くの企業で社宅住まいの従業員の妻たちを対象に、避妊法の指導ばかりでなく、家計簿のつけかたや貯蓄、料理、そのほかさまざまな合理的生活管理についての講習会が数多く実施された。それを支えたのは、政府と近い位置から全体の計画・指導にあたる人口問題研究会、中央と末端をつなぎ実務を担当する日本家族計画普及会(現・家族計画協会)、そして各家庭に入り込んで懇切丁寧な個別指導にあたる受胎調節実地指導員(助産婦・保健婦たち)からなる、三位一体体制だった。

この新生活運動は、家族の幸せと生活水準の向上を願う主婦たちから歓迎されて成功をおさめた。そして企業で働く夫と専業主婦の妻が二人ほどの子どもを計画的に産み育てて高い教育を受けさせ、貯蓄に励んで電化製品やマイホームの購入をめざすというあり方が、家族の理想的モデルとして定着していくことになる。また、同じ時期に農村でも、保健所などの指導のもと、地域ぐるみで熱心な家族計画運動が展開されて、急速に家族のあり方の画一化が進行した。つまり現在、私たちの多くが「これが当たり前」と受け止めている家族像は、実はこの時期にモデルとして推奨され、普及したものである。さらに生殖コントロールの手段としては中絶よりも避妊、その方法はおもにコンドーム、それでも失敗したときは中絶で後始末という、現在まで続く日本特有の生殖管理のパターンも、やはり家族計画運動の過程で確立したのである。(4)

おおよそこのようなプロセスを経て、避妊はかつてのような「自然に背くこと」あるいは「罪悪」から、「常識」あるいは「市民道徳」へと、その意味や位置づけを変えてきた。そして避妊が日本社会で市民権を獲得していった過程を見ていくと、避妊知識の獲得や普及は、必ずしも個人、とりわけ生殖のいちばんの当事者である女性自身の自由や主体性の問題と結び付けられてきたわけではないことが見えてくる。たとえば、戦時中は禁止されていた避妊や中絶が、戦後は一転して敗戦からの復興とその後の経済成長を実現するための家族基盤安定策として推進されたことが示すように、避妊や中絶はむしろ多くの場合、「公共の利益」や「国益」という観点からその是非が論じられ、管理されてきた。ウーマン・リブのように、女性自身が産む／産まないを決める権利の問題として中絶や避妊を論じる言説が力を得ていくのは、家族計画の時代よりもさらに新しく、ようやく一九七〇年代から八〇年代にかけてなのである。

3 過去から現在、そして未来へ

性と生殖は、一見自然の領域に属する現象で、歴史とは無関係な事柄のように思われがちである。けれども調べてみれば、そこにはまぎれもなく歴史が存在するだけでなく、私たちが歴史的存在であることを自覚するためのさまざまな手がかりにも富んでいることがわかるだろう。自分は何人きょうだいとして生まれてきたか、親の世代や祖父母の世代はどうか、自分自身が子どもをもつかどうか、また産む／産まないをどのような手段を用いてコントロールするか――これらは個人的でプライベートな事柄であると同時に、実はきわめてパブリックな問題でもあり、個々人の自由な選択の結果であるように見えながら、そのときどきの国家の政治的・社会的状況とも密接不可分な関係にあり、多分にそれらによって規定されていることが見えてくるはずである。

前述したとおり、厚生労働省や母子健康手帳など、現在も存在し私たちに関係の深い福利厚生政策のルーツは、戦争遂行のために健康な人的資源の確保をめざした第二次世界大戦期の人口政策にある。近年、日本では少子化が問題となり、どのようにすれば出生率を上げられるかがさかんに議論されている。そうした状況の下で、たとえば戦時下の「産児報国」政策を振り返ってみることは、国民の生殖行動に対して国家はどこまで干渉すべきなのか、望ましい介入のあり方とはどのようなものなのかを、現在の問題として考えるための糸口になるだろう。

また、避妊の普及や避妊技術の開発は、現在の感覚からは無条件で「いいこと」あるいは「進歩」と見えるだろう。だが歴史的に見れば、生殖コントロールはつねに個人、とりわけ女性の利益を目的として推進されてきたわけではないし、フェミニストであっても、必ずしも避妊が女性の自由や解放に役立つとは考えていなかったこともわかる。何を女性にとっての利益と考えるかは時代や文脈によって大きく異なりうるのである。こうした事実を知ることは、現在の「常識」や「通念」を自明の前提として過去を判断するという過ちを回避すること、ひいては現在の「常識」や「通念」自体の妥当性を問い直していくことに役立つだろう。

家族計画運動の結果、日本では一九六〇年代から七〇年代にかけて「夫婦に子ども二人」という家族像が規範化するとともに、子どもとは自分たちの意思で、都合に合わせて計画的に「つくる」ものという意識が浸透していった。それはまた、経済的条件その他が整わなければ子どもは「つくらない」「つくれない」という考え方として、現在の少子化現象をもたらす一つの要因ともなった。だが他方で、子どもがほしいのに子どもを「つくる」ことができない夫婦が、さまざまな生殖補助医療技術の助けを借りて子どもを「つくり」だそうとする現象も生まれている。いわゆる不妊治療の隆盛である。そこでは当事者カップルの精子や卵子、あるいは子宮に問題がある場合には、第三者の精子や卵子の提供（売買）を受けたり、代理出産してもらうことも技術的には可能となり、賛否両論はあるが、子どもを「つくる」ための合理的手段として、しだいに既成事実化が進みつつある。これらの最先端の生殖技術は一見、歴史とは無関係のように見えるが、根底にある「人間の都合や利害に合わせて生殖を管理しようとする意思」という点では、過去からの流れのなかに位置づけて、その延長線上で理解することができるだろう。

もちろん、歴史を自分にとって身近なものと感じるための手がかりは、性と生殖の問題だけに限られない。たとえば西川祐子は授業で、学生たちに「家族の容器」である自身や両親・祖父母の住まいの変遷を調べさせることを通して、近代日本の家族のあり方の変化を体得させようとする試みをおこなっている。(5) このような性や身体、あるいは住まいなど、誰にとっても身近なテーマを通して歴史を見ていくことで、歴史を死んだもの、自分とは関係のないものとしてではなく、自分とどこかでつながっているものとして感じ取りやすくなる。また、過去のどのような選択や決定の結果、現在が現にあるものとして存在しているのか、その道筋が見えてくる。そして自分がまぎれもなく歴史の流れ、連綿と続く連続性のなかにいることがわかれば、現在自分がさまざまな場面でどういう選択をするかで未来の歴史も変わりうる、すなわち自分も歴史を作ることに参画しているのだという意識が芽生えてくるのではないだろうか。

最初に『篤姫』について批判めいたことを書いたが、大河ドラマであれ、あるいは本書で別の著者が述べているミュージアム展示や歴史マンガであれ、もしそこからたとえば江戸時代の女性の生活や大奥の実態に関心をもって、自分で調べたり、専門的な歴史書に手を出したりするきっかけになるのであれば、それも「歴史」と「自分」をつなぐ一つのかけ橋になりうるだろう。その意味で、歴史を身近で魅力あるものにするためには、教科書の改善を考えることももちろん重要だが、歴史教育への道にはそれ以外にもさまざまなルートが考えうるのである。

注

（1）Joan Kelly, "Did Women Have a Renaissance?" in *Women, History, and Theory: The Essays of Joan Kelly*, University of Chicago Press, 1986.

（2）「堕胎論争」と呼ばれるこの論争については、折井美耶子編集・解説『資料 性と愛をめぐる論争』（〔論争シリーズ〕、ドメス出版、一九九一年）にまとめられている。

（3）森しげ女「波瀾」「昴」第十二号、昴発行所、一九〇九年

（4）産児調節運動から戦後の家族計画運動にいたる歴史については、荻野美穂『「家族計画」への道――近代日本の生殖をめぐる政治』（岩波書店、二〇〇八年）を参照していただきたい。

（5）西川祐子『住まいと家族をめぐる物語――男の家、女の家、性別のない部屋』（集英社新書）、集英社、二〇〇四年

第9章

世界史の「周辺」におけるジェンダー

――「トラフィッキング(人身売買)」と、従軍慰安婦非難決議

羽場久美子

1 位置づけ――世界史の「周辺」におけるジェンダー

歴史でも国際関係でも、その時代の中心と周辺、あるいは支配と隷属、差別などの問題はつねに存在している。そうしたなかで、大国や勝者の歴史だけではなく、支配され隷属を受けた側、歴史の流れにおけるマジョリティではなくマイノリティについて目を配ることは、歴史教育でも国際関係教育でも、落とすことができない重要な課題だろう。[1] 世界史の中心に対する「周辺」のあり方について、筆者はこれまで意識的に、民族・国家形成におけるマイノリティの位置、拡大するヨーロッパ連合（EU）での東西格差や南北格差、統合する境界線の「域外」に残されたマイノリティなど、おもに「周辺」の側の被抑圧、差別、格差、の問題を一貫して扱ってきた。あるいは冷戦史における小国の隷属と主権喪失の問題についても検討してきた。

その際には、必ずしもジェンダーが問題になってきたわけではないが、つねに「周辺」に目配りし、「格差・差別」「自決権、人権の擁護」に視点を置き、研究を進めようと努めてきた。自分の研究史で全体を貫くテーマは、戦争と平和、中心と周辺、覇権と被支配、マジョリティとマイノリティ、強者と弱者、抑圧と被抑圧の問題であり、問題意識としてはつねに後者の側から、世界史や歴史認識を捉え返そうとしてきた。

こうしたなかで、ここ十年ほどの間に急速に国際社会のなかで浮上し、解決に向けて検討すべき国際的な課題として現れたのが、人の移動と密接に関連した「トラフィッキング（人身売買）」の問題だった。

「トラフィッキング（人身売買）」は、グローバリゼーションと冷戦終焉後の人の自由移動、とりわけ世界の移民の過半数を占める女性の移動、さらにそのなかの非合法な性的労働の問題と関わっている。それは世界的な犯罪組織（マフィアややくざ）と結び付き、最大規模の経済収益を上げる労働形態として、二十一世紀への転換期前後から急速に立ち現れてきた。

二十世紀後半から二十一世紀にかけ、「人権」や「人間の安全保障」が声高に叫ばれるなか、「人身売買」が平然とそれを踏みにじる形で、貧しい国から先進国に向かって爆発的に世界に広がっている。

人身売買とは右のすべてのテーマに関わった、外国人の若い女性や子どもに対する詐欺と搾取と暴力であり、現代に復活した奴隷制度である。なかでも、日本は「人身売買」のアジア最大の受け入れ国であり、かつ法令化、政府の対応、自治体や警察の対応が、三拍子揃って遅れたため、国連やアメリカの国務省から「監視対象国」として非難を受けてきた存在でもある(2)。

特に近年、冷戦終焉後の人身売買の対象が、アジアの女性たちに加え、ロシアや中・東欧、なかでも破綻国家や最貧国といわれるモルドヴァ、ベラルーシ、ウクライナ、ロシア境界線周辺の女性たち（いわゆる「白人奴隷」）にも広がってきた。そのため筆者には、この問題を自分が検討せずして誰が語るかという、使命感にも似た心の痛みがあった。こうした地域では、社会主義体制の崩壊以降、職を失い生活できなくなった女性や路頭に迷う子どもたちが、大量に海外流出していく現象が表出したからである。まずはドイツ、オランダ、イタリアなど近隣地域へ、次いで、シベリア鉄道を経由して、韓国、日本へ、アメリカへ。これらは、冷戦の終焉、社会主義体制の崩壊、グローバリゼーション、性の自由化、人の移動の爆発的増大（その半数が女性のサービス労働）、という実態と直接関わって進展してきた。

以上の問題点を解明するために、この問筆者は、「冷戦の終焉とトラフィッキング」「グローバリゼーションとトラフィッキング」「EUのトラフィッキング対策」という形で論文を書き、さらに日本の立場についても様々の場で言及してきた。(3)

他方、二〇〇七年末には、アメリカ、オランダ、カナダ、さらに欧州二十七カ国の代表が集う欧州議会で、日本の戦争期の従軍慰安婦問題について次々と従軍慰安婦非難決議が出され、日本政府に対し、周辺国への誠意ある対応を強く求める要望書が送られた。

欧米のこうした非難は、現在広がるトラフィッキングと並行して、女性の人権侵害や性的労働者に対する日本政府の対応の甘さへの批判と、広い意味では連動していたと思われる。これについては二〇〇八年から〇九年にかけ、学術会議の史学委員会で歴史認識の問題と絡んで欧州議会の真意と今後の解決方法を検討する報告をおこない「学術の動向」に発表する機会を得た。(4)

以上を踏まえ、本章では、世界史の「周辺」からみたジェンダーを、「トラフィッキング（人身売買）」、と「従軍慰安婦非難決議」という二つの「タブー」の視角から取り上げる。

あわせて、日本の歴史教育での「周辺」の扱い方、とりわけ「周辺」のジェンダーに対する扱い方について、考えてみたい。またそこに見られる、歴史における性的労働の位置づけの難しさについても考えたい。それは一方で、社会での女性の性的労働に対する広範な歴史的需要（とりわけ戦争期）がありながら、他方、彼女らの「公的社会」からの隔離（同一コミュニティでの「周辺化」「タブー化」）と蔑視、それに基づく政府や警察・入国管理局の対策の遅れがあり、そのため、政治的左派右派を問わず否定的で、世界史の歴史教科書でも表立っては取り上げられにくいきわめて重要なテーマだからである。

2 トラフィッキング（人身売買）とその現状

トラフィッキング（人身売買）とは？

「ヒューマン・トラフィッキング（人身売買）」とは、人の移動に際して発生する、文字どおり、人を非合法に売り買いすることであり、強制労働や詐欺、暴力や性的搾取をともなう。トラフィッキングの形態は、多くは、経済的に貧しい地域の女性（成人に達しない少女を多く含む）や子どもに対し、最初は「儲け話」や送金、エンターテインメントへのスカウトとして（ときには親や親族の同意の下で）経済的に豊かな地域に行くことを勧誘し、「脅迫、誘拐、詐欺、権力の乱用、弱い立場の悪用を経て、他人を搾取する目的で、人を輸送、移動、収容する。」（通称は人身取引禁止議定書。正式名は国際連合「国際的な組織犯罪の防止に関する国際連合条約を補足する、人とくに女性及び児童の取引を防止し、抑止し及び処罰するための議定書」より）[5]。

二十一世紀初頭には毎年四百万人もの人々が人身取り引きされ、ヨーロッパだけで毎年五十万人が被害を受けているとされる。その七〇パーセントは女性と子どもたち、うち五〇パーセントが未成年といわれる。[6]アジアでも、日本で毎年二十万人の非合法移民、二十一世紀に入っては毎年およそ十万から十二万人の女性たちがトラフィッキングにあっているという記述がある。[7]

他方実際の被害者からの訴えは十人から一桁前後と極端に少ない。多くは経済的に困窮している国や地域から、若い女性や子どもたちが騙され、あるいは借金のかたとして売られ、通常はその（架空の）借金を払い終えるまで無償で働かされる。これらの若い女性や子どもたちは、監禁され、過酷な労働、多くは過重労働あるいは性的労働に従事することを強要され、逃げれば親や親族も殺されると脅迫される。

こうした女性たちは短期に体を壊し、逃げ出してつかまったり、殺されたり逆に殺したりという、切羽詰まった状況にある。命からがら逃れても、多くは不法入国のため強制送還されたり、連れ戻されたりする。その背後にある組織的犯罪者グループの逮捕に至るケースはきわめて少ない。またトラフィッキングは、多くの収益を上げる産業としても注目されている。その収益は、ＩＬＯの試算で、世界市場で年間三十二億ドル（二〇〇七年時点で、三千八百四十億円）を占めると見込まれている。[8]

近年のグローバリゼーションの広がりと社会主義体制の崩壊の結果、二十世紀末から二十一世紀初頭に、人身売買は、（十九世紀半ばの奴隷制廃止と二十世紀初頭の人身取り引き禁止の世界化を経て）一世紀ぶりに、より組織犯罪的なものとしてよみがえった。これらについては別の論文でも書いたので紙幅の関係上詳細には展開しないが、現在、国連をはじめ各国で、若い女性や子どもに対する人身取り引き防止の法制定の動きが広がっている。

世界史のなかの「人身売買」と日本の「人買い」に関する文化的土壌

世界史のなかで、人身売買が語られることは多くはない。が、奴隷制や奴隷貿易については、ほとんどの教科書が、古代のギリシャやローマ時代の戦争捕虜による奴隷制、イギリスの近代植民地での奴隷栽培やアメリカの奴隷制、および近代の奴隷制廃止についてふれている。欧州でさえ、近代奴隷制の廃止は、十九世紀半ばまで待たなければならない。その多くはやはり、政治的・軍事的・経済的に貧しく弱小な地域から豊かな先進国に向けての、強制を含む人の移動によるものだった。

世界史上の「奴隷制」そのものの分析については本書第3章の井野瀬久美恵「奴隷貿易にジェンダーの視点をクロスオーバーさせる」を参照されたいが、これら古代から近代まで続く奴隷制の存在を考えると、人の売り買いが禁止されたのは、つい百年ほど前のことにすぎない。それまでは人々の多くが、「奴隷」を使うことについては、倫理的罪悪感さえなかった。ジプシー（ロマ）など、インドを起源とする下層民の存在も欧州やアジアでは一般的だった。

しかし、それらはばらばらに論じられるだけで、相互に関係性もなく、トータルな世界史で、奴隷や人身売買がどのような位置を占めてきたかについて論じているものは少ない。

「人身売買」については、日本では、安寿と厨子王（『山椒大夫』）が最も有名だが、第二次世界大戦後まで公的に認可されていた吉原や、あるいは近代の「野麦峠」の女工に見られるように、日本で若い女性や子どもを丁稚奉公や過酷な労働に駆り出すことは、教科書には記述されないまでも、昔話や歴史書では頻繁に出てくるテーマだった。

また、戦争期の従軍慰安婦、戦勝国の兵士による敗戦国の女性のレイプ（特にソ連軍）、高度成長期のジャパゆきさんなどは、数少ないが、教科書にも記述されている事実である。しかし一部の教科書に記載されていることと、それを使って歴史教育がおこなわれているかどうかは大きく異なる。

一般に歴史教育で、周辺国のジェンダーへの危害の問題を、敗戦国だけでなく戦勝国も加担した犯罪の問題として扱うことはきわめて難しく、それが歴史教科書問題をめぐる一つの争点とさえなっている（それはアメリカの原爆投下についてもそうであり、戦勝国の戦争犯罪はほとんどウヤムヤにされてきている）。

二十一世紀初頭に、日本がトラフィッキング（人身売買）に関して、アジア最大の受け入れ国として、かつその防止取り組みに政府が積極的でない「監視対象国」として国際的に非難を浴びている背景には、こうした人身売買や遊郭に関して、さらに従軍慰安婦に対して、日本が政府レベルでも国民レベルでも第二次世界大戦後まできわめて寛容だった、という歴史文化的背景も大きいといえるだろう。

現代日本のトラフィッキング

そもそも十九世紀後半、日本からアジアへ女性の流出があり「からゆきさん」と呼ばれたが、第二次世界大戦後、一九七〇年代の高度成長期以降は逆にアジアからサービス労働「ジャパゆきさん」が流入するようになり、八〇年代に一つのピークを迎えた。加えて冷戦終焉後、九一年のソ連の解体によって「破綻国家」となった国々（モルドヴァ、ベラルーシ、ウクライナ、アルバニアなど）から、生活に困窮している女性たち（それも多くは成人に達しない少女たち）と子どもたちが人身売買の結果、流入してきた。

これらは、マフィアややくざなどの組織犯罪と絡み、また、中心国に比較的近い「周辺地域」（「絶対的貧困」ではなく「相対的貧困」地域である東南アジア、ロシア、中国など）から、いわば国策としても、手っ取り早い送金の手段として海外労働が奨励されるようになった。

人身売買の背景には、①経済的格差、②女性差別、③外国人差別、という三つの差別[9]に加えて、④小さな元手で大きな利潤を生むという経済効果もあった。あわせて、人身取り引きや性的労働に関して比較的寛容な独自の文化をもつ、日本の姿勢も大きかったといえるだろう。

人身売買については、世界の取り組みも早かったわけでない。国連では、二〇〇〇年に「人身取引禁止議定書」（国際的な組織犯罪の防止に関する国際連合条約を補足する人、特に女性および児童の取引を防止し、抑止し、および処罰するための議定書）を採択し、〇三年から発効している。日本は、〇五年に同法を国会で承認し、刑法も改正されて人身売買を「誘拐」とみなしうるようになったものの、人身取引禁止議定書はまだ批准しておらず、政府・警察・自治体の姿勢としては、いまだ欧米各国と比べて不十分なものがある。

世界全体でも、ドイツ、オランダなど西欧各国、アメリカなどが人身売買の最大の受け入れ国であり、人身売買はグローバル化と冷戦終焉の結果であるとともに、明らかに、経済・政治での「中心」と「周辺」、「強者」と「弱者」、豊かさと貧しさによる賃金格差などが厳然と存在している。

ＥＵや国連各国の取り組みの強化や速さに対して、日本政府や自治体の気乗りのなさは対照的である。これは後でも示すように、従軍慰安婦問題の取り組みにも共通している。このように見てくると日本は、歴史的にも女性の性的搾取に寛容であり、現在もその取り締まりには前向きでないと言わざるをえない。

3 なぜ、「従軍慰安婦非難決議」が世界で問題になったのか

二〇〇七年十二月十三日、くしくも南京虐殺（一九三七年）七十周年、奴隷貿易廃止二百周年の記念日に、ストラスブールの欧州議会で、『慰安婦ＩＡＮＦＵ』（アジアにおける第二次世界大戦の戦前・戦中の性奴隷）のための正義に関する欧州議会決議」が提出され、可決された[10]。

それに先立ち、同年六月にはアメリカ合衆国下院二十一号決議として「従軍慰安婦問題の対日謝罪要求決議」が提出され、最終的に七月三十一日の本会議で可決された[11]。また十一月八日にはオランダ下院で、十一月二十八日にはカナダで、「慰安婦問題謝罪要求決議」が提出され、可決されている。

非難決議がアメリカ、カナダさらに欧州二十七カ国が集う欧州議会で相次いで提出された直接の

原因は、二〇〇七年三月一日に当時の日本の安部普三首相が、従軍慰安婦について「強制性を裏付ける証拠はなかった」と発言したことに対する反発だった。だがこの時期、「人身取引禁止議定書」が二〇〇〇年から〇五年にかけて欧州各国で次々と可決されていたことや「奴隷労働禁止二百周年」記念日に非難決議が採択されていることを見れば、そこに、日本が他国の女性や子どもの非合法的搾取や異民族の性的労働、強制労働を受け入れている実態についての非難を絡ませていたことも容易に想像できる。日本が、戦争責任や従軍慰安婦、朝鮮人強制連行など一連の歴史的事実に対して、十分な反省や賠償・教訓化をおこなっていないことに対する反発と危惧が、この決議を生み出したともいえる。

従軍慰安婦と歴史教科書

検定で問題となった「従軍慰安婦」については、十一冊の歴史教科書のうち五冊が記述している。ただしその内容は、山川出版社の『世界史B用語集』（二〇一〇年）でも、「日本軍によってアジア各国から徴用された女性」、というたった二行の簡潔な記述にとどまっている。そのすぐ前の項目「朝鮮人の強制連行」が九冊の教科書で扱われ、六行にわたる記述がなされていることと比較しても、教科書で扱うのが非常に微妙な問題であることがわかる。

従軍慰安婦非難決議がアメリカ、カナダ、オランダや欧州議会でなされた背景には、すでに被害者の女性たちが高齢化し、七十代後半から八十代を超えて亡くなりつつあるなかで、アムネスティ・インターナショナルにともなわれた、オランダ人、韓国人、フィリピン人の三人の「元慰安婦」たちが、日本軍の関与、強制連行、レイプや暴行の事実と人権無視を赤裸々に訴えた、という事実がある。[12]

欧州議会の決議は、日本政府と国会、国連人権委員会、および被害を受けたASEAN諸国、北朝鮮（朝鮮民主主義人民共和国）、韓国、中国、台湾、東ティモールの各国政府に手渡された。

決議は、日本の政府を一律に非難しているのではない。一九九三年の河野洋平内閣官房長官の談話[13]や、九五年の村山富一首相の慰安婦に関する声明にある「心からのお詫び」と、九五年と二〇〇五年の「慰安婦」制度の被害者を含む戦時被害者に対する謝罪を声明した日本の国会決議を歓迎し、それに戻れと訴えているのである。また、すでに老齢化し亡くなりつつある被害者に対する謝罪と、NGOでなく国家による賠償をも、早急に実行するよう訴えている。

日本の対応と世界の反応

しかし、これらに対する日本政府と外務省の対応は未だ前向きであるとはいえない。外務省は「認識の誤解」を表明し、いくつかの雑誌では強制連行がなかったという特集を組むなど、双方の理解がなされたとは言いがたい状況にある。

扶桑社の『新しい歴史教科書』だけでなく、日本の歴史認識は、人身売買や従軍慰安婦については事実認識も含めて内部に大きな隔たりがあることを証明している。

前述の決議はいずれも、あくまで日本政府に「要求」をおこなうもので、拘束力や強制力はない。実際にこれらの決議をおこなっても、必ずしもすぐに日本社会がそのような方向に動くわけではなかった。

しかし現在、どの国の国民も、ますます緊密に連携する国際社会のなかで生活している以上、われわれの歴史認識は、自国内だけのものではなく、直接国際関係に反映する。

オランダやアメリカからの謝罪要請決議、さらに直接の戦争当事国ではない欧州連合による謝罪賠償決議が、二十七カ国を代表する欧州議会の議長の名で、戦争時に日本軍が関わったレイプ・性的搾取に対して政府としての対処を求めている以上、欧州議会の委員会の圧倒的多数（出席者五十七人中五十三人の賛成多数）で可決された決議に対し、これを長期にわたって無視することは、国際社会との友好・協同関係からも避けるべきであろう。

また冷戦終焉後、日本政府は、河野談話や村山声明で、繰り返し謝罪と賠償に言及している。にもかかわらず二十一世紀に入ってこれを否定した安部首相声明は、慰安婦当事者としても戦争当事国としても、さらに人権擁護を最大の柱とする欧州議会としても看過することはできなかったのである。

元慰安婦が高齢で徐々に亡くなりつつある歴史的段階に入り、アジア女性基金のような民間団体NGOだけではなく、政府による早急な賠償の遂行が要請されるのは、必然のなりゆきともいえる。

紛争対立国との歴史副読本作成の試み

欧州では、一九五〇年代のドイツ・フランス間の和解を基礎に欧州統合がおこなわれた。それに学び、現在、二十世紀の最後まで紛争による血が流されたバルカンで、互いの異なる歴史の見方を

「併記・共有」して違いを認識しあう「歴史副読本」が作られ始めている。[14] 冷戦終焉後、ホロコーストを引き起こしたアウシュビッツの記憶をもつドイツ・ポーランド間でも、互いに怒りととまどいによる中断を繰り返しながら「歴史教科書づくり――両論併記の試み」が進められている。

東アジアでは、バルカンと異なり、すでに戦後六十余年、国家間の流血の抗争は起こっていない。だが他方で、北朝鮮や台湾の存在に象徴されるように、いまだ対立を埋める試みもなかなか進行しない実態がある。欧州に代表されるように、歴史学者、政治学者、文化人類学者などが、専門領域を超え学際的に協力しながら歴史認識を再構成する作業は世界各地で始まっている。東アジアも例外ではない。日本も、中国・韓国との対立や摩擦を調整しながら世界の動きに呼応して周辺諸国との協力関係を確立する必要がある。歴史教科書の併存・併記や歴史の負の遺産については、長期的な話し合いと歩み寄り、従軍慰安婦については謝罪と補償を実現していくことが必要となるだろう。

おわりに

以上、世界史の「周辺」でのジェンダーを、現在のトラフィッキングと戦時下の従軍慰安婦という二つの問題を軸に、検討してきた。これらを見ると、ジェンダーの問題は、戦争、人の移動、グローバリゼーション、格差と差別などの近現代の歴史の主要テーマであり、中心・「周辺」構造の負の部分を体現していることがわかる。

トラフィッキングの問題を見ても、戦争中の従軍慰安婦の問題を見ても、ことは日本だけで起こったわけではなく、多くの国が同様かそれ以上の問題を起こしてきた。問題は、日本政府の対応が、これらの歴史・国際関係上の問題についてきわめて消極的であり、そのため、抜本的対策が誰の目から見ても、後手に回っていると映っていることである。

ジェンダー問題に取り組むことは、歴史の負の遺産や周辺の部分に目を開くことでもある。こうした視点を歴史教育に取り入れていくことで、戦争や人の移動やグローバリゼーションの「負の部分」を垣間見るとともに、それへの心の痛みや共感を育て、歴史が、暗記科目から、暗記や理解だけでなく、「解」が一つとはかぎらない多様な解決方法を模索・検討するきっかけの学問となっていくことを期待したい。

注

(1) 歴史教育の中心と周辺の示唆については、少し古いが、渡邊義浩／吉井明「世界史教育における「中心・周縁」論をめぐる若干の問題」(「僻地教育研究」第四十九号、北海道学芸大学僻地教育研究所、一九九五年)を参照されたい。

(2) 国連のデータでは、日本はトラフィッキングに関し、アジア最重要受け入れ国となっている。西欧ではドイツ、ベルギー、オランダ、ギリシャ、イタリアなど、北アメリカではアメリカなど、明らかに経済的・政治的後発地域から、先進国へ、周辺から中心へと流れていく構図がある。UNODC (*United Nations Office for Drugs and Criminals*), 2006, p.17, 18-20. 他方、アメリカ国務省は、「日本は、商業的な性的搾取のために売買される男女や子供の主要な受け入れ目的国および経由国となっている。これに対し日本政府の対応はいまだ「第二基準」にある」として対策の遅れを指摘している。*United States, Department of State*, 2004, 2006.

（3）羽場久美子「冷戦の終焉と「トラフィッキング（人身売買）」——東から西への女性の移動と「奴隷化」」、歴史科学協議会編「歴史評論」二〇〇九年九月号、校倉書房、同「グローバリゼーションとトラフィッキング——EU・日本に見る実態と戦略」、日本政治学会編『年報政治学二〇一〇—二ジェンダーと政策過程』木鐸社、二〇一〇年

（4）羽場久美子「従軍慰安婦に関する欧州議会決議」、日本学術会議史学委員会「歴史認識・歴史教育に関する分科会」報告、二〇〇八年五月二十三日、同「欧州議会は、なぜ従軍慰安婦非難決議を出したか」、学術の動向編集委員会「学術の動向」二〇〇九年三月号、日本学術協力財団

（5）人身売買禁止議定書の原文は、*Protocol to Prevent, Suppress and Punish Trafficking in Persons, Especially Women and Children, Supplementing the United Nations Convention against Transnational Organized Crime*, United Nations, 2000.（http://www.uncjin.org/Documents/Conventions/dcatoc/final_documents_2/convention_%20traff_eng.pdf）。全文和訳は、吉田容子監修、JNATIP編『人身売買をなくすために——受入大国日本の課題』（明石書店、二〇〇四年）一七二—一八三ページ。

（6）Birgit Locher, *Trafficking in Women in the European Union: Norms, Advocacy-Networks and Policy-Change*, Vs Verlag, 2007, pp.22, United States Department of State, 2005.

（7）Frank Laczko and Elzbieta Gozdziak eds., *Data and Research on Human Trafficking: A Global Survey*, Offprint of the Special Issue of International Migration, Vol. 43, 1/2, 2005.

（8）*Handbook for Parliamentarians, The Council of Europe Convention on Action against Trafficking in*

Human Beings, 2007, p.9.（http://assembly.coe.int/committeedocs/2007/Trafficking-human-beings_E.pdf）

（9）中村文子「性的搾取のトラフィッキング——男女、貧富、内外の権力格差と差別意識の理論的アプローチ」、日本国際政治学会編「国際政治研究の先端5」「国際政治」第百五十二号、日本国際政治学会、二〇〇八年

（10）*European Parliament resolution of 13 December 2007 on Justice for the 'Comfort Women' (sex slaves in Asia before and during World War II)*（『慰安婦ＩＡＮＦＵ』〔アジアにおける第二次世界大戦の戦前・戦中の性奴隷〕のための正義に関する二〇〇七年十二月十三日の欧州議会決議）http://ianhu.g.hatena.ne.jp/keyword/%e6%ac%a7%e5%b7%9e%e8%ad%b0%e4%bc%9a%e3%81%ae%e6%85%b0%e5%ae%89%e5%a9%a6%e6%b1%ba%e8%ad%b0?kid=30#p3

（11）*United States House of Representatives House Resolution 121*. Bill Text 110th Congress（2007-2008）H.RES.121.IH. 全文は、http://thomas.loc.gov/cgi-bin/query/D?c110:1:./temp/~c1100yUAfJ::

（12）""Comfort Women" to tell EP about sexual slavery," statement by Jean Lambert, EUROPEAN PARLIAMENT（http://www.europarl.europa.eu/eplive/expert/shotlist_page/20071106SHL12689/default_mt.htm）（アムネスティ・インタナショナルにともなわれた三人の慰安婦による証言）

（13）河野談話「いわゆる従軍慰安婦問題について（内閣官房内閣外政審議室）」、「データベース『世界と日本』」（http://www.ioc.u-tokyo.ac.jp/~worldjpn/documents/texts/JH/19930804.O1J.html）

（14）柴宜弘「バルカン諸国の歴史副教材を通じての和解の試み」、「国際政治に見る欧州と東アジアの地域統合の比較研究——規範、安全保障、国境、人の移動」、研究代表者羽場久美子、平成二十年度文部科学省科学研究費研究成果中間報告書、二〇〇八年、二一二—二一七ページ

［追記］本章は、「国際政治に見る欧州と東アジアの地域統合の比較研究——規範、安全保障、国境、人の移動」基盤研究（A）、海外学術調査（研究代表者：羽場久美子）、および「公共圏と規範理論」基礎研究（A）一般（研究代表者：船橋晴俊）の研究成果の一部である。記して感謝したい。

第10章

科学史教育とジェンダー

小川眞里子

「科学史教育とジェンダー」を論じるにあたって、歴史教育のなかで科学史が占める位置、さらには歴史研究のなかで科学史が占める位置について若干説明し、次に教育の拠りどころである教科書に、断片的であれどんな記載があるかについて調査結果を報告する。最後にそれを踏まえて「科学史とジェンダー」の成果を「教育」に生かすことを考えてみたい。

1 歴史教育や歴史研究に科学史が占める位置

わが国の義務教育と高校までの教育のなかで、科学史が教えられることはほとんどなく、また大学でも、専門教育に入る前の一般教育科目のなかで科学史に関連する講義を開設しているところはごくわずかである。それも多くの場合、自然科学概論といった文系学生の理系科目として科学社会学や科学文化史が紹介される程度で、理系学生向けの科学史教育はほとんど用意されていないようだ。

つまり、大学での科学史は、どちらかといえば科学を苦手とする学生に、科学に関係する社会的・文化的背景を教育することによって科学という営みの人間的側面を知ってもらい、科学に対する親しみをもってもらうことをねらっている。理系学生が将来の自分の専攻分野の歴史的位置づけを知ることは重要と思われるが、最近は、理系学生に対して歴史よりも今日的問題での対応が急務となっていて、科学史登場の機会はさらに減っているのが現状である。たとえば、工学系の学生には技術倫理、医学や生物学系の学生には生命倫理といった、研究や技術開発の途上で出会う倫理的問題に関係する知識の提供が望まれるからある。

科学史教育自体がそのような実情なので、これにさらにジェンダー教育を付加することは、ほとんど期待しようもないことである。ジェンダー教育のなかでは、主流は社会学で、文学や法学、史学がこれに次いで、価値中立を前提とする科学や技術が話題にされることはきわめてまれ、と言わざるをえない。しかし、近年の科学分野での女性研究者の増大をめざす動きに連動して、「科学と女性」「科学におけるジェンダー」といったテーマへの関心が生じていることを記しておきたい。(1)

次に歴史研究のなかでの科学史だが、欧米では歴史部門に科学史研究が存在する場合が少なくないが、わが国では歴史部門とは切り離されている例が多いようである。いわゆる境界領域や分野横断的な新しい学問領域として創設されていて、歴史部門から切り離し、科学と歴史や哲学の分野を横断する理系の学問領域とされてきている。また研究者の経歴も、歴史的研究に転じる前は工・理・薬・農などの理系分野に属する場合が多ので、歴史学以外の総合科学や理系の講座としている大学も少なくない。しかし、多くの学部や学科をもたない小規模な大学では、歴史学や哲学・思想などさまざまな専門分野に科学史の教員が籍を置いている。

2　高校世界史の教科書に登場する女性科学者

先に述べたように、高校までの教育で特に科学史教育はおこなわれておらず、世界史や日本史の教科書のなかで、章のなかに設けられた「社会と文化」「文化と科学」などの節で若干の説明がなされている。その説明法は、「一八七六年にアメリカのベルが電話を、一八九五年にはイタリアのマルコーニが無線電信機を発明した」といった事実羅列式が大半である。あるいは「ファラデー（英）一八三三年電気分解の法則を発見、レントゲン（独）一八九五年X線を発見[2]」といった年表のような記載になっている。

どのような学問的・社会的状況のなかから、当該の発明や発見がされたのかについてはふれられない。これは、世界史という大きな歴史の流れのなかで紙幅を割くことができないからだろう。しかし、重大な科学や技術がもたらした社会的影響に関しては、もう少し説明がほしいところである。そうしたなかで、「ダーウィンは『種の起源』（一八五九年）で、生物は神の創造物ではなく、原始的な生物から進化したという進化論を提唱し、生物学という境界をこえて、人々の世界観・人生観に深刻な影響を与えた[3]」といった記述はやや例外的である。

前述のような歴史の教科書以外で過去の科学者が登場するのは、それぞれの理系科目の教科書、すなわち『物理』『化学』『生物』などで、囲み記事のような形式で科学史的エピソードが紹介される程度である。

このように高校までの教育のなかでは、「科学史教育とジェンダー」といったテーマを論じるような材料に出会うことはほとんどなく、女性科学者の名前にさえほとんど出会わない。したがって、まず科学の歴史で女性も活躍したことを示していく必要があるだろう。ただし、教科書の限られたページ数のなかにそれを望むのはかなり困難なことである。

高校の世界史の教科書を何点か調べてみたが、登場する女性科学者は十九世紀でフローレンス・ナイチンゲール、二十世紀初めでマリー・キュリーの二人だけである。ナイチンゲールについては、彼女を科学者として扱うことに違和感があるかもしれない。しかし近年の科学史的な研究によって、彼女はクリミアの天使と慕われた看護婦としての名声に加え、統計的考察によって衛生学に貢献した面で評価されつつある。これを踏まえれば、彼女の科学的貢献をもっと評価してもよいだろう。[4]

ところが、ナイチンゲールの記述には、「クリミア戦争で傷病兵の看護につくした」という文脈だけでなく、多くの教科書で「赤十字運動に貢献した」あるいは「ナイチンゲールの活躍は、デュナンによる国際赤十字社の設立につながった」という記述が見られる。これは若干の誤解に基づくもので、ナイチンゲールは国際赤十字社の設立に直接的な関係はないようである。ナイチンゲールの評価は、彼女がスクタリの病院で多くの傷病兵を死なせてしまった深い悔恨の情に発する、後半生をかけた衛生学への貢献に求められなければならないが、そうした新しい科学史的研究の成果が通史の教科書に反映されるのは、時間を要することなのかもしれない。[5]

次にマリー・キュリーだが、彼女の場合は寡婦となって以降もずっとキュリー夫人と呼ばれ、研究の主導権は夫であるピエールに帰されがちであった。彼女が自立した研究者マリー・キュリーとして、ファースト・ネームを冠して呼ばれるようになったのは比較的最近のことである。かつての伝記では、彼女は夫ピエールの死後、まるでその人生が形式上終わってしまったかのように扱われてきた。しかし、そうした伝記に代わって、一人の女性としての人生が回復され、スーザン・クインらによる新しい伝記が出版されている。『マリー・キュリーの挑戦』の著者川島慶子が言うところの「変貌する聖女」[6]である。

3 高校物理・化学・生物の教科書に登場する女性科学者

理系のそれぞれの教科書の内容は、自然現象の科学的説明であり、そこでは男性か女性かというジェンダーの問題は無縁のように思われる。しかし、ひげをはやし、髪の毛がぼさぼさの眼鏡をかけた白衣の男性という、従来の科学者の典型的なイメージそのままのキャラクターが解説者として登場したりすると[7]、科学はもっぱら男性の活躍領域と見なされてしまう。教科書に登場するボイルの法則やオームの法則、あるいはドルトンの法則、メンデルの法則など、法則に冠する人名はほとんどが男性である。どんなに自然探究に熱い情熱をもった女性がいても、そもそも高等教育が女子には開かれていなかった点が明確にされないかぎり、これは女子生徒にロールモデルを示すという意味でマイナスに作用する。

　しかし、近年の図版をふんだんに使用した教科書には、こうした従来の通念を少しでも改め、女子生徒にも親しみをもたせる工夫が見られる。従来は、実験の操作は手の部分だけが操作図に出ていて、特に実験者の性別は明示的でないか、もしくは、実験をするのは男子生徒で記録を付けるのは女子生徒といった役割分担意識が広く存在した。しかし、二〇一〇年の物理・生物・化学の教科書の多くは、実験操作に登場する人物の多く、あるいはすべてを女子生徒にしているものさえある。

　女性科学者の扱いで、ほかの教科書と際立った違いを見せているのが、東京書籍の『生物Ⅰ』（二〇一〇年）、『生物Ⅱ』（二〇一〇年）である。『生物Ⅰ』では「第三編 遺伝」の扉で、イギリスの

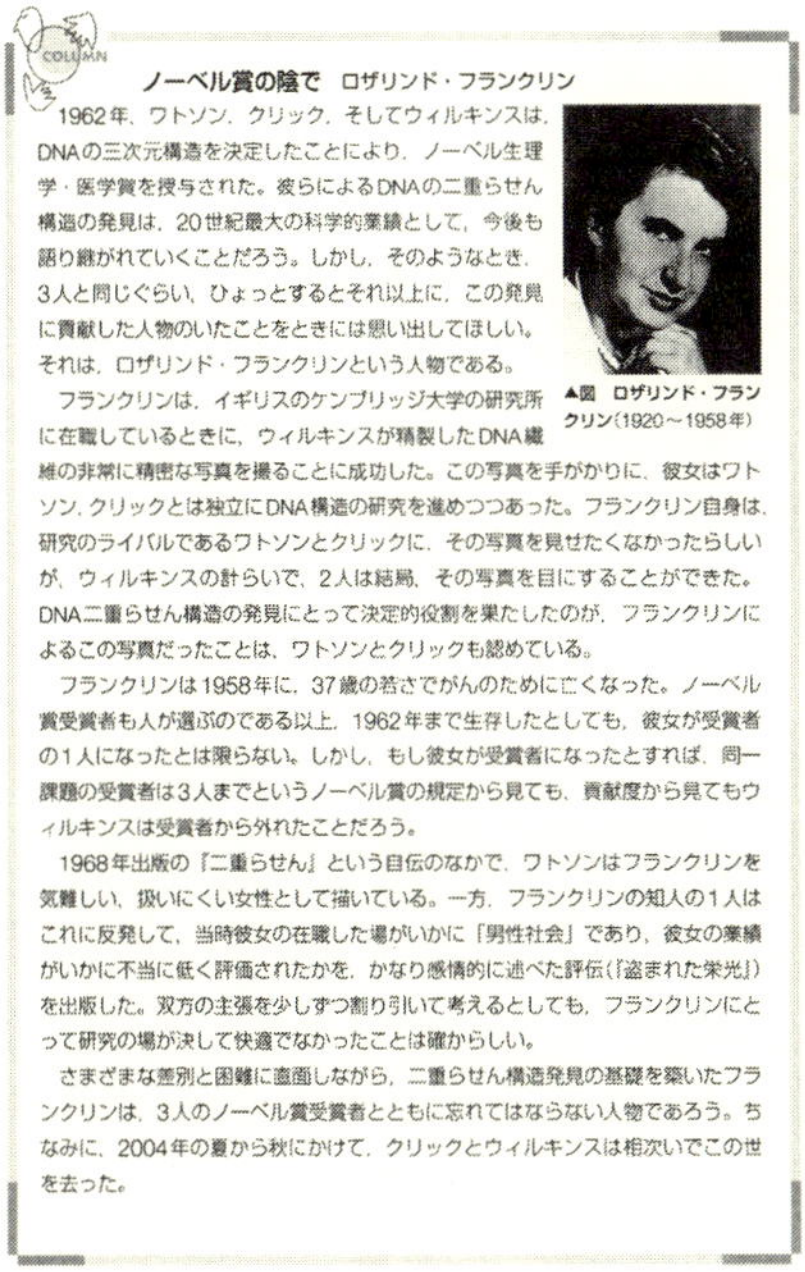

COLUMN

ノーベル賞の陰で　ロザリンド・フランクリン

　1962年、ワトソン、クリック、そしてウィルキンスは、DNAの三次元構造を決定したことにより、ノーベル生理学・医学賞を授与された。彼らによるDNAの二重らせん構造の発見は、20世紀最大の科学的業績として、今後も語り継がれていくことだろう。しかし、そのようなとき、3人と同じぐらい、ひょっとするとそれ以上に、この発見に貢献した人物のいたことをときには思い出してほしい。それは、ロザリンド・フランクリンという人物である。

▲図　ロザリンド・フランクリン（1920～1958年）

　フランクリンは、イギリスのケンブリッジ大学の研究所に在職しているときに、ウィルキンスが精製したDNA繊維の非常に精密な写真を撮ることに成功した。この写真を手がかりに、彼女はワトソン、クリックとは独立にDNA構造の研究を進めつつあった。フランクリン自身は、研究のライバルであるワトソンとクリックに、その写真を見せたくなかったらしいが、ウィルキンスの計らいで、2人は結局、その写真を目にすることができた。DNA二重らせん構造の発見にとって決定的役割を果たしたのが、フランクリンによるこの写真だったことは、ワトソンとクリックも認めている。

　フランクリンは1958年に、37歳の若さでがんのために亡くなった。ノーベル賞受賞者も人が選ぶのである以上、1962年まで生存したとしても、彼女が受賞者の1人になったとは限らない。しかし、もし彼女が受賞者になったとすれば、同一課題の受賞者は3人までというノーベル賞の規定から見ても、貢献度から見てもウィルキンスは受賞者から外れたことだろう。

　1968年出版の『二重らせん』という自伝のなかで、ワトソンはフランクリンを気難しい、扱いにくい女性として描いている。一方、フランクリンの知人の1人はこれに反発して、当時彼女の在職した場がいかに「男性社会」であり、彼女の業績がいかに不当に低く評価されたかを、かなり感情的に述べた評伝（『盗まれた栄光』）を出版した。双方の主張を少しずつ割り引いて考えるとしても、フランクリンにとって研究の場が決して快適でなかったことは確からしい。

　さまざまな差別と困難に直面しながら、二重らせん構造発見の基礎を築いたフランクリンは、3人のノーベル賞受賞者とともに忘れてはならない人物であろう。ちなみに、2004年の夏から秋にかけて、クリックとウィルキンスは相次いでこの世を去った。

図1　ロザリンド・フラクリンの記事
（出典：『生物Ⅰ』東京書籍、2010年、165ページ）

生物物理学者モーリス・ウィルキンスを取り上げている。[8] 彼はDNAの二重らせん構造の決定による功績で、一九六二年にジェームズ・ワトソンとフランシス・クリックとともに、ノーベル生理学・医学賞を受賞している。その彼の下で働き、DNAの二重らせん構造発見の決め手になったX線写真の撮影に成功したのはロザリンド・フランクリンである。第三編の最後で「ノーベル賞の陰で」と題し、一ページ分のコラムで彼女を扱っているのはきわめて異色である。

フランクリンは、構造決定に重要な役割を果たしながらも、三十七歳という若さで一九六二年を待つことなく亡くなった。しかしコラムでは、たとえ彼女がもう四年長生きしたとしても、ノーベル賞受賞者に選ばれたかどうかは疑問だとしている。男性社会そのものだった当時の職場で、彼女の業績はけっして高くは評価されなかったからだという。輝かしい才能をもちながら、男性社会のなかで差別や困難と闘いながら亡くなった女性研究者を紹介していることは、科学とジェンダーの問題を考えるきっかけを与えるものとして、十分に評価できるものである。[9]

『生物Ⅱ』の本編は「第一編 生命活動を支える物質」「第二編 遺伝情報とその発現」「第三編 生物の多様性」「第四編 生物の集団」から成るが、第四編の扉にはレイチェル・カーソンの写真を掲げ、彼女の『沈黙の春――生と死の妙薬』[10]について短い解説を載せている。扉を飾ることは、その分野での重要な活躍を評価するものだが、『生物Ⅰ』『生物Ⅱ』を通して、カーソンは女性科学者が取り上げられている唯一の例である。[11]

扉にその分野を代表する科学者を取り上げることは、科学史的観点から見て好ましく思われる。どんな科学の分野であっても、今日のめざましい科学の発展は個々の科学者のたゆみない努力によって築かれてきた。そのことを知るためにも、具体的な科学者の紹介は意義深いからである。ジェンダーの観点から若干のコメントを付すとすれば、女性科学者が公正にその才能を評価されるようになるには、一九六〇年代半ばからの第二期フェミニズムの高まりを経る必要があっただろう。フランクリンは五八年に、カーソンは六四年に亡くなっていて、ともに独身だった。「妻として母として」といった従来の女性役割から離れて、独身女性が一個の人間として伸びやかに活躍し評価される時代には遠かったのである。〇一年に始まるノーベル賞の歴史のなかで、女性受賞者を拾い上げてみると、八〇年以前の女性のノーベル賞受賞者六人はすべて妻であり母だった。ダブルスタンダードの拘束から解き放たれて、独身の女性科学者三人が相次いで受賞の栄誉に浴したのは、ようやく八〇年代になってからのことである。[12]

4　科学史とジェンダー

「科学史教育とジェンダー」というテーマはかなり限定的である。最後に「科学史とジェンダー」をどう教育するかという問題を考えておこう。今日この学問分野は「人の問題」と「知識の問題」に大別することができる。

まず人の問題だが、科学史家ロンダ・シービンガーは歴史的資料の精査から、十七〜十八世紀の近代科学の誕生と軌を一にして、女性が科学研究分野から排斥されてきた様子を描き出している。[13]

科学史という観点からすると、歴史に埋もれた女性研究者の発掘も重要なテーマである。今日、収録人物二千五百人にも達する『女性科学者伝記事典』も編まれているが、けっして十分とはいえず、特にアジアからの情報発信は不足した状況にある。[14] 高等教育が男女に平等に開かれてもなお、女性研究者が排斥される状態は継続し、二十世紀になっても女性研究者の比率は小さく、科学をもっぱら男性の領域とする認識は依然として根強い。

なぜ科学分野に女性研究者が少ないのかという問いに対する答えは、女性に課されたダブルスタンダードであるには違いない。家庭生活と研究生活の両立はきわめて困難で、ワークライフバランスという軽やかな言葉では捉えきれない。しかし、どのような職業分野であれ、女性が多かれ少なかれダブルスタンダードを負っているとすれば、やはり女性科学者がなぜ少数なのかは、問いとして生き続ける。そこで、男性と女性の資質の違い、脳の違いなどが大いにとりざたされてきた。

しかし、資質や脳の違いはおくとしても、男性中心のきわめて強固な科学者共同体文化のなかで、女性の生きにくさは並大抵ではない。近年の社会学的研究では、当該分野の女性の割合が三割を超えると、そのなかでの生きにくさがかなり緩和され、息がしやすくなるといわれている。[15] そうなると、まず女性科学者の数を一定数に引き上げてみてはどうか、ということになるだろう。

このような歴史的反省に立って、欧米では二十一世紀を迎える前後から、かなり意識的に女性研究者増加策に踏み切っている。アメリカの国立科学財団によって二〇〇一年に創設されたＡＤＶＡＮＣＥプログラムは、あらゆる科学技術分野への、そしてすべてのキャリア段階（職階）への女性の参画を増進しようとするもので、採択された大学や研究機関は五年間にわたって二百万ドルから四百万ドルの助成金を受けて、機関内に女性研究者を支援するシステムの構築をめざして努力することになっている。ほぼ十年間でこのプログラムに一億三千五百万ドルが注ぎ込まれ、男性中心の科学文化そのものを根本的に変えようとしている。[16]他方ＥＵ（欧州連合）でも、科学分野でのジェンダー主流化政策推進のバイブルともいうべき『ヘルシンキ・レポート』と『ＥＴＡＮレポート』

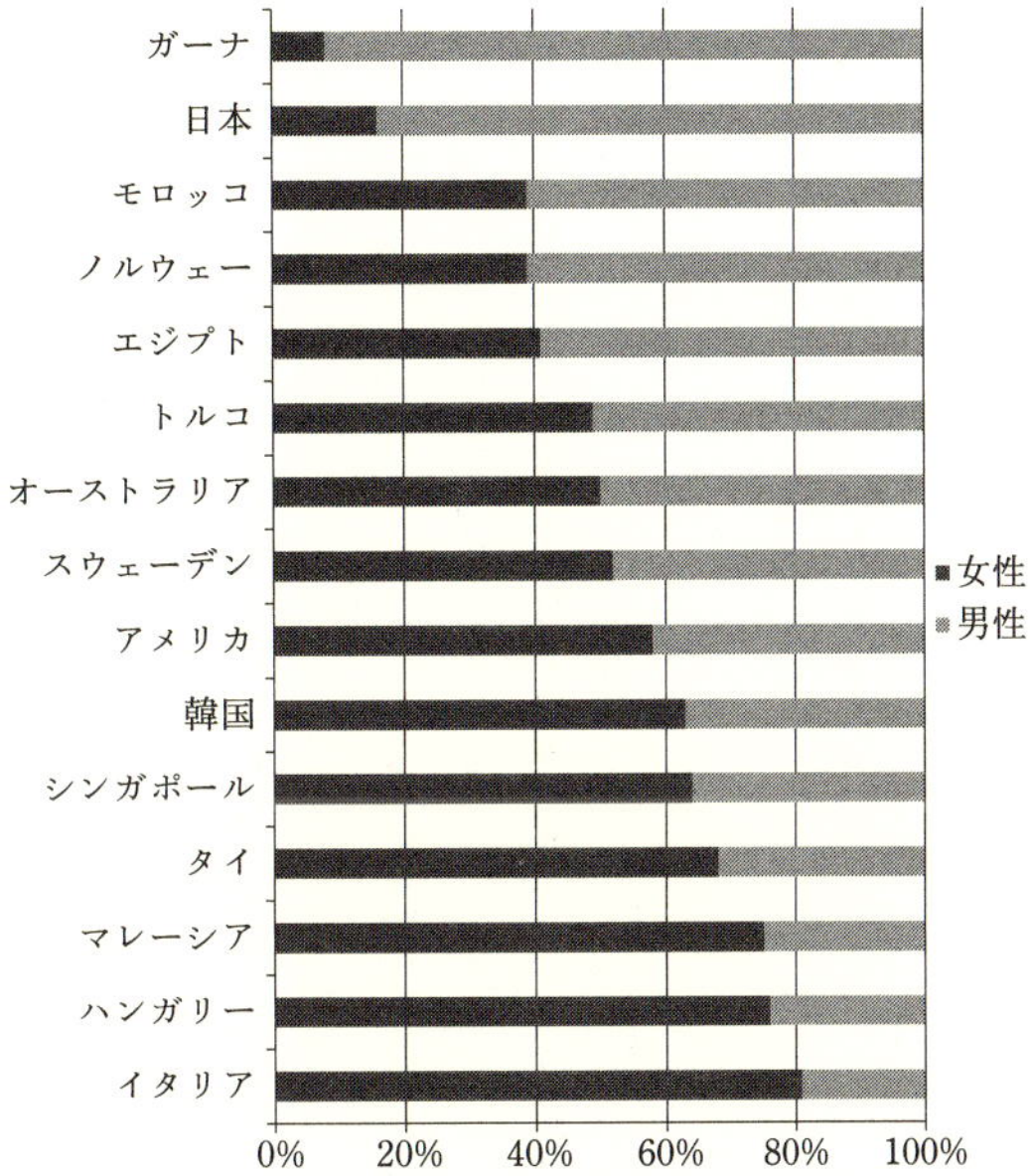

図2　*Trends in International Mathematics and Science Survey*（TIMSS）2007 の第八年生（中学二年生）時の科学教師の男女の数値から、女性教師の少ない国から多い国まで主要国を取り出してグラフを作成した。データの上がっている約50カ国のなかで、日本はガーナに次いで女性科学教師が少ない。

の出版によって、今世紀初めからEU加盟国の数値データを集積し、戦略的に女性研究者の増加をめざしている。しかもその戦略は、企業の研究部門もターゲットにしている[17]。

わが国も、第1節で少しふれたように、遅ればせながら女性科学者（医学や工学も含む）の増加をめざしている。今世紀初めには一〇パーセント程度だった女性研究者の割合は、二〇一〇年十二月の総務省の公表で一三・六パーセントまで増加しているが、その比率はなお先進国中で最下位である（同公表で韓国一四・九パーセント）。文理選択以前の教育を考えると、中学校や高校の理系科目担当教師の女性比率も重要である。しかし、こちらの比率も先進国中で最下位である（図2）。

男性中心の科学文化に女性の参入が求められる積極的な理由としては、科学者コミュニティーの変化を期待するだけでなく、従来の男性だけの研究分野に多様な研究者が関与することによって、さらなるイノヴェーションが期待できると考えられるからである。また科学の歴史的研究から明らかになってきたように、過去の科学研究に付随していたジェンダー・バイアスを多少なりとも回避できるのではないか、という期待もあるだろう。

5 「知識の問題」の教育を

日本史あるいは世界史を学ぶことを楽しいと感じている中学生や高校生は少なくないはずだ。過去のことであっても知りたい気持ちに変わりはない。ところが科学となると、受け止め方は一変する。科学史の講義の後に女子学生に質問された。「科学は最先端の研究が重要なのに、先生はどうしてもうすんでしまったことを研究しているのですか」と。現在の科学知識の価値中立性やジェンダー中立性を検証することは難しい。ところが過去の科学研究を調べてみると、きわめて男性中心的だったり、さらには白人男性中心的だったりする事例を容易に見いだすことができる。すなわち、私たちは科学史の研究を通して、科学という客観的で中立的・普遍的とされてきている科学知識にも、ジェンダーの偏りがありうることを理解できる。[18]これは、歴史のフィルターを通すことではじめて知りうることである。

図3　チャールズ・ホワイトのオラウータン
（出典：ロンダ・シービンガー『女性を弄ぶ博物学――リンネはなぜ乳房にこだわったのか』小川眞理子／財部香枝訳、工作舎、1996年、121ページ）

客観的と称される私たちの観察は、無意識のうちに時代の影響を受けている。これは十分に考慮されるべきことだが、当該の社会内にとどまるかぎり、なかなかそれに気づかれない。十八世紀西欧の博物学者が見る雌の類人猿と、今日私たちが動物園で見る同じ類人猿は、全く異なる文脈のなかでの観察であることを知らなければならない。

十八世紀には博物学は第一級の学問だったが、雌であれば、人間であれ類人猿であれ、果ては虫の類から植物に至るまで慎み深さが求められた時代でもあった。そこでおこなわれた観察や解釈に、驚くほどのジェンダー・バイアスがかかっていたことは明らかである。当時描かれた雌の類人猿は、今日の私たちの目から見ると異様な慎み深さを示している。その時代にあっては昆虫でさえも、雌はまず雄の求めを拒みしとやかに振る舞ったとされ、花のつぼみが薄い膜で包まれていたりすれば、それに処女膜同様の意味づけがされたのである。(19)

最先端の科学を誤りのない方向に導くうえでも、科学の過去の営みから学ぶことは少なくない。歴史を学ぶ意義は、科学史であっても一般歴史と変わりないのである。日本史や世界史に科学史を組み込むことは時間的制約から難しいとしても、物理・化学・生物など理系の科目のなかで、せめて女性科学者の活躍をエピソードとして取り上げてほしいものである。そして実際の科学の教育現場に一定数以上の女性教師が立つようにならないかぎり、科学史でのジェンダー問題への認識を十分に意識させることは難しいだろう。将来の女性科学者の育成のためにも、最も身近なロールモデルとして、女性理科教師が果たす役割は大きいはずである。

注

(1) 科学技術社会論学会の機関誌「科学技術社会論研究」では二〇〇九年に「女性と科学技術」の特集を組んだ。所収されている塩満典子論文は、政府主導で展開されてきた近年の女性研究者支援を行政の立場から詳しく論じている。塩満典子「女性研究者支援の現状と課題」、科学技術社会論学会編集委員会編「科学技術社会論研究」第七号、科学技術社会論学会、二〇〇九年。名古屋大学や早稲田大学では「科学技術とジェンダー」関連科目が開講されている。

（2）中村義／松村赳ほか『世界史A 新訂版』（実教出版）一二七ページ。同じような記載は、『新詳世界史B』（帝国書院）、『詳説世界史 改訂版』（山川出版社）など多くに見られる。

（3）引用した語句は前掲『世界史A 新訂版』一二七ページだが、多くの教科書がダーウィンについては説明を敷衍している。

（4）多尾清子『統計学者としてのナイチンゲール』医学書院、一九九一年

（5）のちに赤十字社内に制定されたナイチンゲール勲章に由来する誤解ともされる。村岡花子『赤十字の母 ナイチンゲール』（〔講談社火の鳥伝記文庫〕講談社、一九八一年）に見られる赤十字の母は象徴的意味合いである。新しい伝記として、ヒュー・スモール『ナイチンゲール 神話と真実』（田中京子訳、みすず書房、二〇〇三年）。

（6）新しいマリー・キュリー像については以下の伝記を参照。スーザン・クイン『マリー・キュリー』1・2、田中京子訳、みすず書房、一九九九年、セアラ・ドライ『科学者キュリー』増田珠子訳、青土社、二〇〇五年、川島慶子「変貌する聖女」『マリー・キュリーの挑戦――科学・ジェンダー・戦争』トランスビュー、二〇一〇年。このような全般的傾向と違った記述をしているのが、『世界史』（三省堂）である。一九五六年版では「キュリー夫妻のラジウムの発見」と記されていたものが、一九六七年以降は「フランスのマリー・キュリーのラジウムの発見」という記述に変わっている。マリーは一九〇三年に物理学賞、一一年に化学賞と、二度ノーベル賞を受賞しているが、二度目の受賞に関係してマリー・キュリーというのは正しいが、ノーベル物理学賞の受賞に結び付くことになるラジウムの発見は、まさに夫妻の連係プレーであって、マリー単独の功績のように記すことには問題がある。あるいは、前掲『世界史A新訂版』（実教出版）では、「夫とともに、ノーベル賞を二度受賞し」

と記述されていて、これも正しくない。二度目はマリーの単独受賞である。

（7）兵藤申一／福岡登／高木堅志郎編『物理Ⅱ 改訂版』啓林館、二〇〇九年

（8）Maurice Hugh Frederick Wilkins. 人名の読みとしてはウィルキンズの方が一般的だろう。

（9）フランクリンの名誉回復をめざして伝記が出版されている。アン・セイヤー『ロザリンド・フランクリンとDNA——ぬすまれた栄光』深町真理子訳、草思社、一九七九年、ブレンダ・マドックス『ダークレディと呼ばれて——二重らせん発見とロザリンド・フランクリンの真実』福岡伸一監訳／鹿田昌美訳、化学同人、二〇〇五年

（10）レーチェル・カーソン『沈黙の春——生と死の妙薬』青樹簗一訳（新潮文庫）、一九七四年、新潮社

（11）カーソンの多くの著作は日本語で読める。伝記も児童向けから一般書まで何冊かある。

（12）小川眞里子「二〇人の女性ノーベル賞受賞者」、日本エッセイスト・クラブ編『うらやましい人——〇三年版ベスト・エッセイ集』（文春文庫）所収、文藝春秋、二〇〇六年

（13）ロンダ・シービンガー『科学史から消された女性たち——アカデミー下の知と創造性』小川眞里子／藤岡伸子／家田貴子訳、工作舎、一九九二年

（14）Marilyn Ogilvie and Joy Harvey eds., *The Biographical Dictionary of Women in Science: Pioneering Lives from Ancient Times to the Mid-20th Century*, 2 vols., Routledge, 2000. 総ページ千四百九十九、人名見出し二千五百項目。小川眞里子／三浦有紀子「アジアにおける女医の誕生と日本の女医の現状」「人文論叢——三重大学人文学部文化学科研究紀要」三重大学人文学部文化学科、二〇〇八年

（15）ロザベス・モス・カンター『企業のなかの男と女——女性が増えれば職場が変わる』高井葉子訳、生産性出版、一九九五年、特に「数——少数派と多数派」

(16) Lisa Frehill, "The ADVANCE: Institutional Transformation Program's Impact on Engineering Schools," in Ingelore Welpe, Barbara Reschka and June Larkin eds., *Gender and Engineering: Strategies and Possibilities*, Frankfurt am Main: Peter Lang Publishing, 2007, pp.225-244. 科学文化については、ロンダ・シービンガー『ジェンダーは科学を変える!?――医学・霊長類学から物理学・数学まで』(小川眞里子/東川佐枝美/外山浩明訳、工作舎)、二〇〇二年、特に第二部。

(17) ECの研究総局からは「女性と科学」に関係して多くの出版物があるが、邦訳されているのは次のものだけである。ヘルガ・リューブザーメン＝ヴァイクマンほか編著『科学技術とジェンダー――EUの女性科学技術者政策』小川眞里子/飯島亜衣共訳、明石書店、二〇〇四年、ニコル・ドゥワンドル「ヨーロッパの科学研究におけるジェンダー平等の推進」小川眞里子/飯島亜衣訳、舘かおる編著『テクノ/バイオ・ポリティクス――科学・医療・技術のいま』(「ジェンダー研究のフロンティア」第四巻)所収、作品社、二〇〇九年

(18) まず、確かなデータに基づき客観的で価値中立とされる科学研究にジェンダーの問題などが介入する余地があるのだろうか、という疑問をいだくことは容易に想像できる。本節で扱う問題については、次を参照。小川眞里子「科学史からみた性差」、日本学術協力財団編『性差とは何か――ジェンダー研究と生物学の対話』(「学術会議叢書」第十四巻)所収、日本学術協力財団、二〇〇八年

(19) ロンダ・シービンガー『女性を弄ぶ博物学――リンネはなぜ乳房にこだわったのか』小川眞里子/財部香枝訳、工作舎、一九九六年

第11章

ジェンダー史と歴史教育

桃木至朗

1 なぜ筆者が本書に登場するのか

大学の歴史教員はずいぶん前から、「世界史(日本史)を高校で学ばなかった」と自認する学生の増加に戸惑っていた。特に世界史の場合、一九九四年度から高校で必修になったはずなのに、多くの学生が世界史を何も知らない。そのことは、あちこちで見聞きされる最近の学生の歴史離れ、史学系(なかでも東洋史)の学生急減とも無関係とは思われない。ところが、教育系学部は別として、人文社会系学部や国際系学部に属する教員の多くは、その詳しい原因、つまり中等教育での地理歴史科や公民科教育の実情をほとんど知らないままで、能天気にも「ゆとり教育による学力低下」[1]などを漠然と嘆いてきた。筆者はたまたま自分の職場で、二〇〇三年に始まる高大連携の取り組みに関与し、実情の一端を学ぶ一方で、最新の歴史学の成果に基づく歴史教育改善を試みてきた。その経験から、「専門研究者」のこの問題に対する認識の甘さに警鐘を鳴らさざるをえない。およそ歴史教育の改善が教育界の実情を踏まえなければ、ピントはずれな議論に終わるのは当たり前である。本書が主題とするジェンダー史も、その例外ではありえない。歴史学の評論・解説に強い関心をもつとはいえ、ジェンダー史を専門とするわけではない男性の筆者が、本書に現状と職場での取り組み(それもジェンダー史そのものに関しては全く不十分)の経験を紹介するゆえんである。なお、現代社会では、マスメディアやインターネット、マンガ・アニメなどが、しばしば学校教育よりも強い影響を人々に与えていることはいうまでもない。しかし本章では、筆者たちの取り組みの範囲に合わせて、問題を学校教育、特に高校・大学のそれに限定し、科目としては世界史を中心にする。

本論に入る前に、読者に押さえておいていただきたい事実に、以下のようなものがある。

①中学校の歴史はほとんど日本史だけで、外国史は日本史に関係がある部分だけを教える。したがって多くの生徒は、高校で初めて「世界史」に出会う。

②地理は中学・高校とも、系統地理や現代の諸問題（環境問題、都市問題、南北問題など）と、調べて発表する訓練に重点を置き、世界地誌を満遍なく教える方針は放棄している。地誌はいくつかの例示（日本の近隣諸国の例を取り上げることは必須）という枠内でだけ教える。したがって、高校世界史の教員は、生徒が世界各地域についてひととおり知っていることを前提とした授業ができない。

③一九八〇年代の超詰め込み教育への批判などから、九〇年代以降に多くの科目では内容精選がめざされたが、世界史教科書は、新しい地域・問題領域をどんどん取り込む一方で、（入試のために）古い内容をスクラップしないので、「覚えるべき用語・事項」が増えつづけている。(2)

④高校では世界史が必修、日本史か地理が選択必修になっている。世界史・日本史・地理はすべて二単位（週二時間・一年間で学習するのが標準）のA科目と四単位のB科目に分かれていて、どちらを開講し何年生に履修させるかは、高校の裁量に委ねられている（全般的に多様化が奨励もしくは強制されるなか、カリキュラムは学校ごと、地域ごとに千差万別である）。

⑤多くの高校では授業時間数が足りないため、「必修科目」として一年または二年生に世界史A

（近現代史中心にコンパクトに教える科目）を教え、文系生徒または入試（ほとんどの大学がB科目しか受験できない）で必要な生徒だけに、二年または三年生で世界史B（昔ながらの通史）を教える。しかし、文系出身で通史を詳しく学んでいる高校歴史教員は、近現代史中心で前近代史を大幅にカットする授業をどう展開していいかわからない。そのうえ授業時間全体が足りないので、きわめて多くの学校で、「必修の世界史A」の時間に「通史＝世界史B」の「前半だけ」を教え、「世界史B」で後半の説明と受験指導をする。ということは、理系や受験で世界史を必要としない生徒は、「通史の前半だけ」を習う。それらの生徒は、受験に関係ないから真剣に授業を聞かない。実際に「本当の世界史未履修」の学生も大勢いるのだが、より多数の「世界史を何も知らない学生」は、こういう「世界史Aという名前で世界史Bの前半だけ習った」学生だと思われる。[3]

⑥世界史は、日本史や地理に比べて受験勉強が複雑になる。そこで入試での選択科目は、理系では地理、文系では日本史が多くなる（有名受験校はそうとは限らないのだが）。高校自体がしばしばそういう進路指導をする。ペーパーテストで大学進学する生徒が少ない（私立大学は、推薦入試などペーパーテストによらない入学者の方が多数になっている）中堅以下の高校では、世界史Bを開講しない高校も増えている（だからといって、世界史Aを本来の理念に合わせて、近現代史中心で教えるとはかぎらない）。

⑦以上の条件下で、近年では高校世界史の教科書販売部数は、世界史Aが八十数万部、世界史Bは五十万部程度（Aと称してBの前半を教えている高校への販売分を含む）となっている。[4] センター入試では五十数万人の受験者のうち、世界史受験者は十万人程度にすぎず、日本史・地理よりも少ない。[5]

総じて、高校の教科書や歴史教育を議論する際に、専門研究者や教員が前提にしがちな、進学校であれば世界史・日本史・地理のB科目を全員が学んでいる、という状況はどこにも存在しない。B科目はもはや少数派にすぎない。

⑧一九九九年に公布された現行の高校学習指導要領は、現在の世界と学問の状況に教育内容を合わせることを強く要求していて、教科書もそれにしたがって大きく変化している。「社会史」や「近代世界システム」「アジアのなかの日本」はもはや常識に近い。建前上では、世界史・日本史でも生徒自身に調べ、考え、発表させる授業をするよう学習指導要領が要求している。ところが高校教員・大学教員とも頭が古く、とりわけ入試問題が古いため、新しい教科書が活かされていない。(6)

2　歴史教育にジェンダーの視点を導入する際に配慮すべきこと

これまでの歴史教育が全体構造として、「十九世紀式の国民国家の主人である成人男子の教養」をめざすものだったことは、否定しようがない事実である。女性は基本的に「例外」もしくは「悪女」「犠牲者」などとして出てくるだけであり、「人＝男性」という図式がはらむ問題は、ほとんど意識されない。鎌倉幕府の将軍として源頼朝や頼家・実朝のことは教えても、北条政子が当時の多くの史料で将軍と見なされていた事実は教えない。あるいは政子の実際上の活躍は教えても、その背景にある、武士のイエでの妻・寡婦の役割は教えない（教える場合は逆に、「女性の地位は高かった」という不適切な単純化に向かってしまいがちである)。

インドといえば「花嫁が焼き殺される」話が教科書に頻出する一方で、第二次世界大戦後に、インド・スリランカだけでなく、「イスラーム国家」パキスタンとバングラデシュでも女性首相が誕生しえた理由は説明されない(漠然と「近代化のおかげ」と思われているのだろう)。現代日本で多くの女性がチャペルでの結婚式を望むのは、世界史や倫理で、キリスト教がもつ徹底した家父長制の構造が教えられていないからではないか。国民国家単位の歴史からグローバルな歴史や地域の歴史へ、支配階級やハイカルチャーの歴史だけでなく庶民の暮らしやポピュラーカルチャーの歴史も、といった転換が必然であるのと同様に、歴史教育にジェンダーの視点を導入することも、二十一世紀になお実現しないようでは話にならない。

ただ筆者らは、近現代のグローバルヒストリー、中央ユーラシア史、海域アジア史などの新しい分野の普及に取り組んできた。その経験から見て、歴史教育にジェンダーの視点を導入するやり方については、「専門研究者」が通常欠いている、いくつかの配慮が絶対に必要である。

第一に、中等教育に対して、「これこれが抜けているのがけしからん、これこれを教えろ」という要求だけをすると、現場の教員の多数から反発を受ける。教育現場は一般に(大学と同様に)多忙なうえに、歴史、特に世界史では「センター入試のために覚えさせなければならない事項・用語」が授業時間数に対して多すぎるからである。大学に籍を置く研究者は、大学入試をやさしくし、同時に「他分野でスクラップしていい事項がこんなにある」ということを示す義務がある。ジャンヌ＝ダルクという人物は、従来型の政治史・国民史だけでなく、ジェンダー史の題材としても欠かせないだろう。しかし、百年戦争といえばエドワード黒太子を必ず教えることは、不必要ではないのか。こうしたスクラップの議論がなければ、「一部の先進的な教員」以外は「ジェンダーどこ吹く風」という態度から抜け出せない。

第二に、歴史教育刷新のあらゆる試みは、従来の歴史教育の基本的枠組みをなしていた「日本一国史観（日本特殊論）」や「西洋中心史観」を再生産するものであってはならない。その意味で、たとえば欧米発の「社会史」「グローバルヒストリー」の多くが、事実レベルで欧米にばかり詳しく、アジアなど非欧米世界について「半可通」の域を出ないこと、(7) したがってメタレベルでは読者の「西洋崇拝」を再強化しがちであることに、筆者は強い違和感をもっている。近代欧米の女性・男性・ジェンダーを教えるのはいいが、武則天や西太后を「古典的な悪女像」のままで放置されては困る。孝謙天皇と道鏡の行動を、後世の天皇制とジェンダー観を基準にして「異常」と片づけたままにしてはいけない。

なお、いわずもがなだが、日本を除く非欧米世界の女性を「犠牲者」としてだけ紹介することは有害である。生徒たちは「日本に生まれてよかった」と素朴に感じ、将来はへたをすると、「無力でかわいそうなアジア・アフリカの女性を自分たちが助けてやろう」などという「植民地官僚と同じ善意」をもって、筆者の専攻地域であるベトナムを含む「発展途上国」に向かいかねない。

第三に、中等教育（それも世界史や地理・歴史科）の枠内で「大学教育を受けるのに必要な学力」のすべてを求めても、高校の修業年限を四年に延長するような抜本的変革をしないかぎりは無理である。換言すれば、かつてのように一定レベル以上の学生は全員、高校で世界史・日本史・地理を満遍なく学んでいるという状況に戻すことは、もはや期待できないだろう。「ゆとり教育」で授業時数そのものが減っているだけでなく、情報処理教育など昔はなかった科目・学習領域が出現しているからである。本書の読者はまさか、男子も家庭科を必修として学ぶ仕組みを捨てろとは言わないだろう。その一方で「大学全入」に近い状況があることを考えれば、高校で足りない部分を大学で補うという対策が不可避なのである。その主たる場になるべき教養課程（と教員養成課程！）では、「アラカルト型の専門のさわりの切り売り」に終始し、「学んだ中身の使い方」は個々の受講者に丸投げする、従来の仕組みを改めなければならない。必要なのは、根幹部分にジェンダーを組み込んだ、系統的で獲得目標がはっきり示された歴史の概論を履修させることである。そこでは、具体的な事実を教えるだけでなく、ある時代や地域で「女性の地位が高いか低いか」といった捉え方の基準そのものや、「原始共産制の下での母権制＝母系制」や「近代化すればするほど女性の地位が向上する」などの議論に見られる、教育現場でいまだに健在な「十九世紀の常識」のどこに問題があるか、それをどう変えるべきかを教えたい。

3　全体を見すえた組織的な取り組みを

ほかにも、中等教育の教員から求められることはいろいろある。たとえば、新しい分野や研究成果を普及するには、教科書や概説を書いたらそれで終わり、とはいかない。現在の教科書は、社会史や世界システム論、非西洋世界の新しい歴史など（の断片）を寄ってたかって書き込み、教科書自体の構成がわかりにくくなっている。そのうえ、教師向け解説のツールが全く不足しているので、教員を困惑させることははなはだしい。中等教育の教員は、それらの新しい記述が従来とどう違うのか、なぜこれまでどおり教えてはいけないのかが、正確に理解できないのである。同様に、新しい内容を理解できない専門外の大学教員が、入試に旧態依然たる問題を出すため、ますます困惑が広がる。ジェンダーもその例外ではない。学説史を含めた「違いがわかる解説」を系統的に提供しなければ、ジェンダーの視点を教えようとする善意の教員を苦しめることになる。中国王権のジェンダー構造研究の深まり、清末民国期の近代化像の転換（脱毛沢東史観）の二点をコンパクトに解説することなしに、西太后を「悪女」イメージから救い出そうとしても、情緒的な議論にしかならないだろう。

同様に、「使える小ネタ」や「エピソード」の紹介もほしい。理屈や事実だけでは、教員・生徒ともに、新しい分野についてイメージをふくらませにくい。『王様と私』（『アンナと王様』）が植え付けたタイ人への偏見を打破するには、近代国民国家形成の先頭に立ったモンクット（ラーマ四世）・チュラロンコン（ラーマ五世）父子をはじめとする、近代タイ王室のユニークな人々の姿を紹介したい。(8)

以上はおそらく、従来の「専門研究者」にとっては、かなりの「無理難題」である。筆者が勤務する大学での歴史教育の取り組みでも、「概論をやってくれ」と頼まれたのに「専門用語を使った（狭くて詳しすぎる）研究発表」をしてしまう大学教員や大学院生が後を絶たない。専門外の相手が何を知っているか知らないか、何に関心をもつかもたないかの判断ができないのだ。もちろん、狭い専門研究だけに生きる研究者の存在を全面否定はできないにせよ、本章であげたような教育の取り組みを系統的におこなう大学教員がきわめて少数の例外でしかなく、大半の教員が既存の「メジャー領域」の「専門研究」での部分的な新しさを競うだけ、という、日本の大学（とりわけ史学系）のしくみは間違っていると、筆者は断言してはばからない。同じ問題がジェンダー史や女性史の広がりを阻んでいることは、言うまでもないだろう。

この状況を改善するには、孤立した個人の散発的な取り組みでなく、組織的な取り組みが必要である。ところが、日本の大学の人文系において、講座・専攻などの単位のあり方は、不要になった「旧来のメジャーな仕事」を自発的にスクラップして、より必要度が高い新分野の仕事に置き換えることに対して、きわめて敵対的である。新しい教育のような仕事も、一般的には「片手間のボランティア」としてしか実施されない。ここを逆転させて、狭い専門研究だけに打ち込むのは「一定数の例外的な教員だけ」という状態にしなければ、大学まで含めた歴史教育の再生は難しい――これが筆者の実感である。ジェンダー史も大学・研究機関や学界のあり方の変革を必要としているが、それは歴史教育のこうした必要と両立・並行するものであってほしいと、切に念じるしだいである。

注

（1）二〇〇三年度から〇六年度の毎年夏休みに、二十一世紀ＣＯＥプログラム「インターフェイスの人文学」の一環として、全国の高校教員に呼びかけて高校歴史教育に関する研究会を開催し、その主要メンバーの協力のもとに、〇五年十一月には大阪大学歴史教育研究会を設立して、月例会を中心とした活動を今日まで続けている。その経過やこれまでの資料については、http://www.geocities.jp/rekikyo/に掲載してある。また出版物としては、各教員が執筆に加わった高校教科書・資料集などのほか、「特集 歴史学と歴史教育のあいだ」(「歴史科学」第百九十七号、大阪歴史科学協議会、二〇〇九年)、懐徳堂記念会編『世界史を書き直す・日本史を書き直す――阪大史学の挑戦』(和泉書院、二〇〇八年)、秋田茂/桃木至朗編著『歴史学のフロンティア――地域から問い直す国民国家史観』(大阪大学出版会、二〇〇八年)、拙著『わかる歴史・おもしろい歴史・役に立つ歴史――歴史学と歴史教育の再生をめざして』(大阪大学出版会、二〇〇九年)などがある。

(2) 小川幸司「苦役への道は教師の善意でしきつめられている」、二〇〇九年度歴史学研究会大会特設部会「社会科世界史六〇年」報告、二〇〇九年五月二四日、中央大学多摩キャンパス

(3) 日本史・地理も事態は同様で、「既履修者」がすべてB科目を履修しているわけではない。

(4) 前掲『わかる歴史・おもしろい歴史・役に立つ歴史』二八ページ

(5) 二〇一〇年の数字は、総受験者数五十万七千六百二十一人中、地理歴史科の受験者が三十六万二百二十二人、そのうち世界史受験者は九万三千百九十六人(世界史A:千九百六十三人、世界史B:九万千二百三十三人)、日本史はAB合計十五万六千八十人、地理は同じく十一万五千二百人である(「実施結果の概要」[http://www.dnc.ac.jp/modules/center_exam/content0284.html])。

(6) 中学・高校側は「入試が変わらないから自分たちも新しい(考えさせる)教育ができない」といい、大学側は「どうせ中学・高校で暗記教育しかしていないから、暗記入試しか出題できない」と考えるという、相互責任転嫁の構造に筆者らは強い危機感をいだいている。とりわけここでは、中等教育の状況に不案内なままで入試を出題する、暗記教育しかできないような教員を養成している、の二点に

おいて、大学側の責任がより大きいと、筆者は考える。

（7）その責任の一端は、「東洋史」など非欧米世界の研究者の側にある。欧米発の諸理論に対して「そんなものはアジアには当てはまらない」と反発するだけで、「それでは世界をどう捉えればよいか」というオルターナティブを示そうとしないか、せいぜい西洋中心史観の裏返しの自地域中心史観（中国中心史観、イスラーム中心史観、中央アジア中心史観など）を高唱するにとどまる場合がほとんどだからである。

（8）ジェンダー史の専著ではないが、トンチャイ・ウィニッチャクン『地図がつくったタイ――国民国家誕生の歴史』（石井米雄訳〔明石ライブラリー〕、明石書店、二〇〇三年）、小泉順子『歴史叙述とナショナリズム――タイ近代史批判序説』（東京大学出版会、二〇〇六年）などは、近代タイ王室への偏見を打破するのに役立つ話題を多数含む。

第12章

ミュージアムとジェンダー

——展示による経験の可視化をめぐって

香川 檀

一九七〇年代以来の世界的なミュージアム・ブームを受けて、日本国内にもさまざまな趣向の収集展示館がお目見えし、現在、博物館とそれに類した施設に分類されるものは全国でおよそ五千八百にものぼっている。(1)なかには観光の目玉として造られたアミューズメント施設的ミュージアムも少なくない。それらはさておき、制度内的な博物館・美術館に絞って考えてみると、そもそも近代に確立されたミュージアムは、たんにモノや情報を集めた文化施設《ハコモノ》というだけでなく、収集品の展示を通じてある一定の「お墨付き」の語りと知の体系とを社会に発信する啓蒙的な施設でもある。一方、受け手の側に立ってみれば、青少年にとってミュージアムは、教科書やコミック本のようにつねに手許にあってアクセスできるものではなく、よほど娯楽性が強いものでないかぎり学校教師や保護者にともなわれて出かける特別な場所だろう。だがひとたび訪れてみると、そこは出版メディアとはまた違った空間体験の場であり、モノや映像や音声を組み合わせた展示をとおしてこちらの五感に訴えかけてくるとともに、一歩踏み込んでそこから何かを読み取るリテラシー（読解力）をも求めてくる場なのである。郷土の民俗資料館や歴史博物館などのいわゆる歴史ミュージアムであれば、過去のありさまを想像し変化の因果関係を理解することによって、歴史を認識し、判断力を培う役目をもっている。歴史教科書が一国の歴史意識を映し出す鏡だとするなら、ミュージアムもまた社会に向けて——日本全体の歴史からローカルな歴史にいたるまで——多様な歴史を再現してみせる社会的な教材《テクスト》なのである。そうした役割を考え合わせると、ミュージアムが見せる歴史展示をジェンダーの視点から捉え直していくことは重要だろう。

図１　平安貴族ジオラマ（国立歴史民俗博物館）、筆者撮影

１　日本のミュージアムをのぞいてみると

では、歴史ミュージアムの展示のなかに、女性はどのように登場するのだろうか。試みに、日本の主要な歴史ミュージアムの一つ、千葉県佐倉市にある国立歴史民俗博物館（通称：歴博）の常設展を見てみよう。古代に軸足を置いて、そこから二十世紀までの日本の歴史と文化をたどったこの展示では、「民俗」つまり庶民の生活史にも力点が置かれているため、女性に関するものが散見されるが、特に女性の姿が大きく登場する場面が三カ所ある。一つは平安貴族の屋敷内を再現したジオラマ（光景の再現模型）での十二単《ひとえ》を着た女性のマネキン（図１）、二つ目は室町から安土桃山時代にかけての「労働する女性のすがた」と題したコーナーでの魚売りの女のマネキン、そして三つ目が大正時代の大衆消費文化のなかでデパートやビールの広告ポスターに描かれた女性像である。

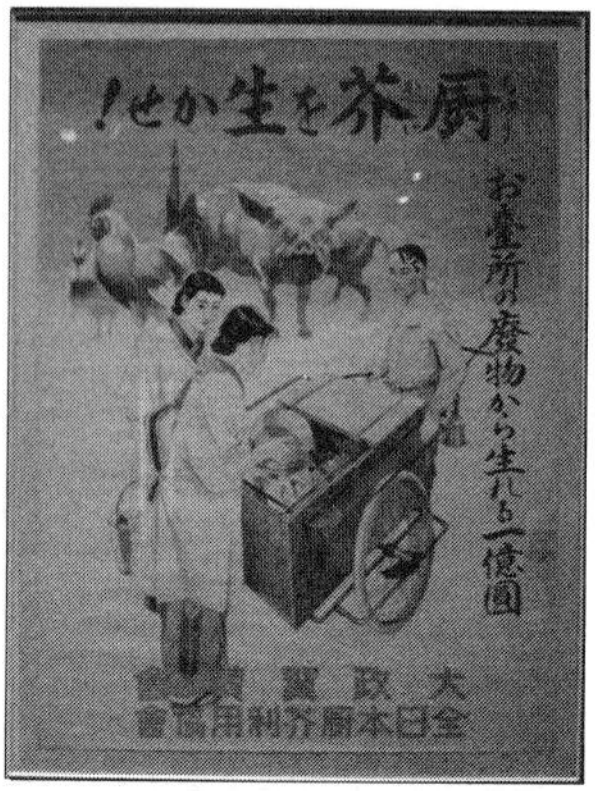

図2　厨芥ポスター（国立歴史民俗博物館）、筆者撮影

国風文化としての貴族の住居や衣装、中近世の庶民の風俗、そして近代消費社会のなかの広告イメージとして、女性は歴史のなかで前景に押し出され、ビジュアル化されていることがわかる。(2) 二〇一〇年三月にオープンして話題を呼んだ「現代」のコーナーでは、近代日本の戦争とその結末に重点が置かれているが、総力戦となった後のいわゆる「銃後」に関する展示は、戦時下の女性組織である国防婦人会や愛国婦人会の活動を示す集合写真と、出征軍人や戦地に送られた慰問袋・千人針など、よく知られた女性の戦争協力の資料に限られている。(3) そんななかでひときわ目を引くのは、戦時総動員体制の下で家庭にも倹約を呼びかける大政翼賛会の広報ポスターである（図2）。白い割烹着姿の女性が、台所の厨芥を集めるリヤカーに、生ゴミを持ち寄っているのは、ブタやニワトリの飼料として役立てるためである。とはいえ、この女性はあくまでも描かれたイメージであり、それを目にしただろう現実の女性たちは、統制の対象だった匿名の大衆にとどまり、展示のなかに見えてはいないのである。

戦争の時代の日常生活としては、首都圏では東京都の九段にある昭和館が有名だ。「戦中戦後の国民生活上の労苦」を記憶することを趣旨として日本遺族会などの協力の下、一九九九年に厚生労働省が設置した国立の施設である。一九三五年（昭和十年）ごろから五五年（三十年）ごろまでの銃後と戦後の生活が、七百点におよぶ実物資料によって展示・構成されている。館の六階と七階を使った常設展示は「母と子の戦中戦後」をメインテーマとし、兵士を送り出した家族の目線で戦争体験を描いているので、当然ながら女性の戦争体験のほとんどは、家庭が中心になっている。つまりその日常は、日本の戦争の全体像とは切り離されたところで描写されているのである。

一方、ジェンダーの視点を明確に打ち出した女性のためのミュージアムとしては、東京都港区にある女性と仕事の未来館があげられる。一九九五年に当時の労働省の肝いりによって設置が決定され、二〇〇〇年にオープンしたこの施設では、常設展として「働く女性のあゆみ展示」のフロアを設け、明治から現代までを六期に分けて、女性の社会進出、職場と暮らしなどを模型や資料によって展示している。女性の社会参画を支援するための行政施設であるため、研修や講演会などさまざまなイベントや情報スペースも兼ねている。アメリカ・ウィメンズミュージアムといった女性の歴史を展示・普及する海外機関とも交流するなど意欲的な試みを展開しているが、常設の「働く女性のあゆみ展示」スペースに訪れる来館者は、年間一万人から一万三千人にとどまっている。施設が行政サイドの予算削減の標的にされていることは周知のとおりである。

ここにあげた日本の例は、女性が歴史の脇役や主役として登場してくるミュージアム展示のほんの一部にすぎないが、これらを一瞥しただけでも、マクロな歴史展示のなかで女性がどれほど見えにくいか、また一定の方向づけやメッセージを帯びた個別テーマの展示のなかで、全体史と女性の人生経験や価値観との絡み合いを見せることがどれほど難しいかがうかがい知れる。展示の趣旨やテーマはもちろんのこと、その方法についても、今後の議論の深まりが待たれるところだろう。

ミュージアムの展示は多くの場合、パネルで解説文を示し、写真や物品またはその複製品《レプリカ》を陳列し、映像や音声も交え、ジオラマと呼ばれる立体模型で情況を再現して見せるハイブリッドなメディアである。ある意味では、それ自体が複合的な空間造形物であり、広義のフィギュア（形象）としてイメージ表現の産物だともいえるだろう。欧米アカデミズムの博物館学で久しい、以前から試みられている展示の分析的研究は、このことを踏まえて、表象論や感性論的な研究とも手を携えるようになっている。筆者が専門とするドイツ語圏では、こうした知見を採り入れながら、ジェンダーの視点に立つミュージアム論とその実践が息の長い試行錯誤を続けている。本章ではその試みを紹介しながら、そこでめざされた「女性の経験を反映させた展示」とはどのようなものか、私たちはそこから歴史展示の教育効果について何を学ぶことができるか、を考えてみたい。

2 女性史展示の議論と実践——ドイツの場合

旧西ドイツでミュージアムとジェンダーの議論が最も活発に交わされたのは、一九七〇年代末から八〇年代にかけてのことである。背景には、政治の季節といわれた七〇年代初頭にミュージアムという制度を批判的に見直す機運があり、ジェンダーの問題にかぎらず広く政治的な文脈のなかで、それまで「ニュートラルで客観的」とされてきた展示の通念や、現代と切り離して過去を扱う歴史観に対して疑問の声が上がった。とりわけ、ドイツにとって負の過去であるナチズムと戦争の時代をどう展示するかという厄介な問題がとりざたされるようになり、やがてこの議論は国立の歴史博物館をめぐる八〇年代から九〇年代にかけての論争にもつながっていくことになる。

このような流れのなかで、フェミニズムの立場からミュージアムに対して発せられた最初の批判は、一九七〇年代を通じてアカデミズムに根をおろした女性学の成果が、歴史や文化史や美術などを扱うミュージアムに全く反映されていないことへの不満だった。たしかに展示のなかに女性イメージはあふれているが、それは絵画に描かれた女性モデルや広告ポスターのなかでほほ笑む映画女優など、いわゆる表象としての女性像ばかりだったのだ。そしてそれは当時、フェミニズム映画論から借用してミュージアム展示の分析に応用された「視線」の理論に従えば、「男性に見られる対象としての女性像」でしかないことを意味していた。[4]言い換えれば、歴史の担い手としての女性はいなかったのである。そうした展示を観ても、女性の観客は自分が歴史のなかに埋もれ抑圧された他者であると感じるか、逆に女性としてのアイデンティティをもてずに、ほかの女性に共感したり同一化したりしなくなるのではないか、と懸念されたのである。こうしたミュージアム見直しの動きは、学校教育の現場の声にも後押しされていた。ある報告によると、七九年当時の旧西ドイツの歴史教科書では、記述された全人名に占める女性の割合は中近世で四・八パーセント、近現代で三・三パーセントしかなく、女子生徒が歴史に興味をもちにくい大きな要因と指摘されていた。[5]

したがって、ミュージアムのなかに歴史の主体としての女性をいかに可視化していくかが最初の大きな課題となった。女性が身をもって生きた歴史の経験や残した文化的な遺産を発掘して展示に反映させる、それによる追体験や同一化を通じて、女子生徒や女子学生、さらには社会人女性にも女性としてのアイデンティティを養うこと――その努力はおもに二つの方向でなされていく。一つは、既存のミュージアム制度のなかで女性に関する展示を増やしていこうとするものである。各地の自治体レベルの市立博物館や郷土博物館などでは、学芸員たちが大学の女性学研究者や民間の女性運動と連携してミュージアム展示を企画し、歴史上のすぐれた女性の業績を見せたり、女たちの日常生活を再構成したりした。後述するフランクフルト歴史博物館の女性史展示も、こうした流れのなかに位置する。もう一つは、男性中心の既存のミュージアムとは距離を置いて、「女性の歴史と文化」と見なせるものだけに特化した「女性ミュージアム（美術館）」をめざす動きであり、一九八〇年代にボンやヴィースバーデンに相次いで設立されたこの種の施設は現在でも活動を続けている。いずれの方向にも共通していたのは、「女性」という一つのカテゴリーを前提とし、観客に女性としてのアイデンティティ形成を促すような展示をめざしたことである。

ところが一九八〇年代半ばになると、学界やその周辺で、女性学自体に研究のパラダイム転換が起こる。カテゴリーとしての「女性」が、その内実では階級、人種、セクシュアリティなどによって実に多様である、という認識が広まったのだ。その結果、それまでの女性史展が想定していた「女性固有のものの見方や経験があるはず」という前提そのものに批判が向けられ、ミュージアムの現場でも女性運動と手をたずさえたイデオロギー的な政治色は急速に薄まっていった。そのかわりに、女性学の定着と大衆化の影響によって、社会一般のほうではむしろ女性の日常生活の再構成、あるいは文学・音楽・美術といった文化史のなかの女性表現者の発掘といったテーマに関心が高まり、女性に関する個別テーマを掲げた展覧会が確実に増えていった。こうして、ドイツ各地のミュージアムで女性の日常（出産・育児・被服など）をテーマにした展覧会や、女性画家による美術展などがさかんに開催されるようになり、カテゴリーとしての「女性」は逆に顕在化してきたのである。学界の女性研究とは一線を画した場で、ミュージアムによる独自の調査とアプローチが豊かな成果を上げていたといえる。

もっとも、右のような各自治体レベルでの女性史展の活況が、その後どれだけ連邦レベルの主要ミュージアムに反映されていったかといえば、それは限定付きのものでしかない。たとえば国立の歴史ミュージアムであるベルリンの「ドイツ歴史博物館」常設展を見ると、女性の姿が登場するのは二カ所だけにすぎない。一つは十九世紀前半の家庭生活の場面（これは政治の挫折のために家庭生活が重んじられたビーダーマイヤー時代の展示）であり（図3）、もう一つは第一次大戦後の消費文化のコーナーである[6]。こうして見ると、「家庭と消費が女性の出番」という相変わらずのステレオタイプは、現在のドイツでも払拭されているわけではない。一九七〇年代におこなわれたフェミニズムの立場からのミュージアム批判とその改革の試みは、次世代のミュージアム学芸員のなかに確実に継承者を育ててきたものの[7]、全体的に見ればジェンダー目線からの展示は減少している。統

図3　ビーダーマイヤー時代（ドイツ歴史博物館）、筆者撮影

計によると、ドイツでは九〇年のミュージアム入館者が二千五百万人だったのに対し、二〇〇二年には約四倍の一億三百万人に膨らんでいるという(8)。このミュージアムの活況をもたらしたのは、女性史展のようなメッセージ性のある内容への関心よりも、ミュージアム展示一般のスペクタクル化、娯楽的要素の強まりによるところが大きいといわれている。

3 歴史展示の表現系——何をどう見せるか

ここでミュージアム展示の一般的特徴に目を向けてみよう。展示とは、すでに述べたように、モノやイメージを組み合わせたハイブリッドなメディアである。パネルに解説文や写真を配し、物品またはその複製《レプリカ》を陳列し、ジオラマで場面を再現して見せる。近年はヴィデオ映像やCGグラフィックといった動画も必須のアイテムになっているようだ。観客はそれらの間を移動しながら、モノを鑑賞し、情報を受け取り、流れをたどり、そしてそれらの余白を想像しながら総合的な歴史イメージを作り上げていくのである。このような表現メディアを分析するための構造的な原理を、まず考えてみたい。試みに、「何を」「どのように」展示するかという展示表現の座標軸を想定してみよう。これは、ドイツでミュージアムの批判的な見直しが始まった一九七〇年代、さらにベルリンの「ドイツ歴史博物館」をめぐる八〇—九〇年代の議論のなかで、つねに問題とされてきた分析指標であり、したがって本章でのジェンダー視点による再考にとっても有用と思われるからである。

まず、「何を」という語られるべき歴史事象の軸には、政治史・事件史など国家的歴史の「全体史」に始まって、庶民の風俗や生活文化などをたどる「日常史」に至るまでの軸が考えられる。後者の日常史は、アナール派やネオ・マルクス主義による歴史研究の影響を受けて、ドイツでも一九八〇年代以降のミュージアム展示に多く採り入れられている。そしてこの流れのなかで、後述するように日用品、つまり身の回りのモノに対する注視が促されるようになっていく。

この「何を」の軸に対して、もう一つの「どのように」を分類する座標軸は、出来事の内容をいかに見せるかという、展示の具体的な手段を分析するものである。この軸の一方の端には、歴史の因果関係などを合理的に説明したテクストや年表など、文字情報を中心とした歴史のコンテクスト（文脈）やナラティヴ（粗筋をもった語り）を重視する展示方法がある。文字テクストによる解説が中心になると、情報量は増えるが、ミュージアム展示ならではの視覚的な〈観る楽しみ〉が少なくなる。何といっても、人は「読む」ためではなく「観る」ためにミュージアムへやってくるのである（もっとも、コンテクスト重視型のなかにも、展示の意味を断定的に記述するか、解釈の余地を残したものにするか、といった違いはあるのだが）。これに対して、「どのように」の軸のもう一方の端には、展示物というモノに語らせようとするモノ重視の展示方法がある。こちらは観る楽しみはあるが、歴史の文脈やナラティヴとの関連づけが希薄になるという弱点がある。なぜなら、モノはそれ自体では断片的オブジェにすぎず、解説によって文脈化することではじめて、ある一定の状況の証拠となるからである。さらに、モノ重視の展示のなかにも、展示品をあたかも美術品のように扱い、照明や陳列台などでその美しさや見事さを強調する審美主義的な手法（モノのアウラ型）と、蒐集し

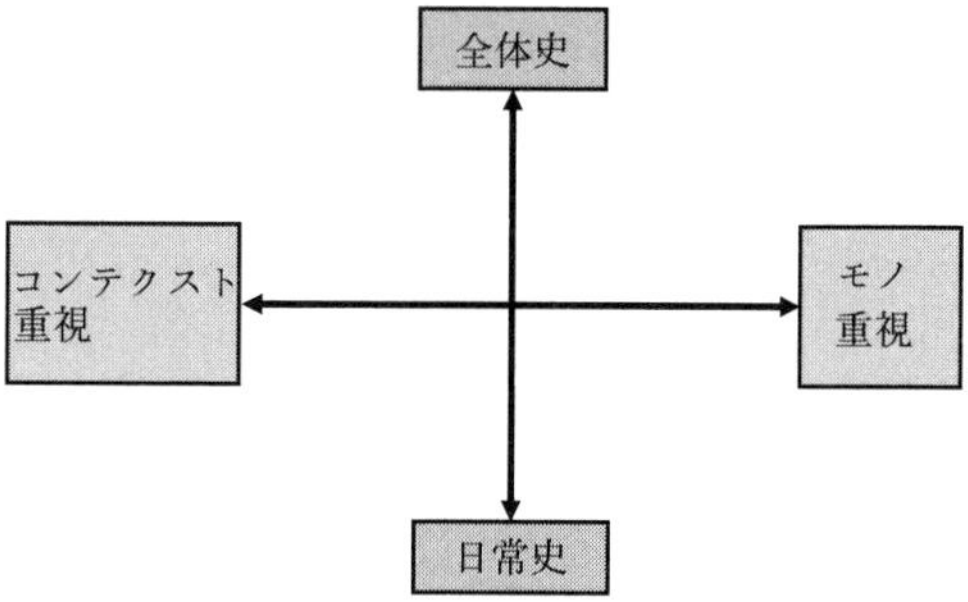

図4　展示の座標軸（筆者作成）

たモノを淡々と陳列し、量で見せる即物主義的な手法（モノの羅列型）という二つの傾向がみられる。いずれにせよ、こうしたフェティシズム的なモノ重視の展示は、ドイツで八〇年代後半にさかんになり、ハイテク技術を駆使したディスプレイの導入なども相まって展示のスペクタクル化を加速した。その結果、観客動員数は大きく伸びたが、反面、歴史認識の点では、戦後の歴史学が構築してきたメーン・ナラティヴ——たとえば戦争責任の問題など——を崩壊させてしまうことにもなった。

　以上に述べた「何を」と「どのように」の二つの座標軸を、その細かい区分はさしあたり省略したうえで交差させ、展示というメディアの表現系を作成してみると、図4のようになる。実際のミュージアム展示は、一つの展覧会のなかで局面に応じて、この座標系のなかのさまざまな位置を組み合わせながら構成することが多いはずだ。しかし、あくまで分析の指標として展示ごとの大まかな傾向はこれでつかむことができるだろう。

　いま私たちが問題にしている女性の歴史的経験の表象を、以上のようなミュージアム展示の表現系でみると、どのようなことがいえるだろうか。縦軸についていえば、当然予想されるように、政治史・事件史に女性が登場することは少なく、そのこと自体、歴史教科書の見直しと関連して是正されなければならないが、ナショナルな歴史からローカルな歴史へ視点を移していけば、固有名をもった女性はもっと登場するはずである。一九八〇年代後半にハンブルクやベルリンなどドイツの各地で女性関連の展覧会が開催された。これらが主として地方自治体レベルのミュージアムで、「市政〇周年」の記念行事の一環――つまり都市の歴史の一部――として展観されたのも、こうした郷土のローカルな歴史のなかでこそ女性が顕在化されるという事情を反映しているのだろう。けれども、女性史を全体史のなかに挿話的に付け加えるだけでなく、女性が置かれた社会的状況をとおして過去の歴史の動向に対する評価そのものの見直しを迫ることも可能である。たとえば、後述するフランクフルト歴史博物館がおこなった二回目の女性史展「女奴隷かそれとも市民女性か？フランス革命と新しい女性性　一七六〇―一八三〇」は、十八世紀から十九世紀への大きな歴史的転換によって実現した市民社会が、個人の自由を標榜したものとされてきたにもかかわらず、市民女性はむしろ家庭のなかに行動を限定され、自由が制約されていたことを明らかにした。[9] 全体史の評価と女性の日常史の評価との間に、顕著なねじれがあったという、女性史研究の成果を明確なかたちで反映した展覧会だったのである。

一方、庶民生活やプライベートな家庭領域が中心となる「日常史」それ自体を見てみると、こちらはドメスティックな家事・育児・身体文化・性（セクシュアリティ）などが中心的なテーマとなり、女性が可視化されやすい。しかし、ここにも問題がある。女性の居場所を家庭だけに限定したり、全体展示の一画に「女性史コーナー」を設けて日常生活を見せたりすると、女性をゲットー化してしまい、ジェンダー・ステレオタイプ（性差の神話）を固定化することにつながる危険がある。

女性学研究が一九八〇年代半ばから問題視した「女性の経験の本質化」、つまりすべての女性が一様に同じような状況のなかで生き、同じような生き方を選んだかのように想定して、「標準的な女性の日常」を展示することには問題があることを意識しておく必要がある。もちろん、大多数の女性史展はやはり依然として家事を中心とした日常を描き、台所の歴史、洗濯の歴史、被服生活の歴史といったサブテーマ的な展覧会がいくつもお目見えしたのだが、求められるのは、それを所与のこととしてしまわず、女性がなぜそのような生活上の役割を担ったのかを批判的な距離を置いて再現し、意味づけしていくことなのである。

次に、横軸の「いかに」を見てみよう。コンテクスト重視型に偏りすぎると、解説パネルの文章による歴史観の一義的な規定、たとえば女性の抑圧の歴史といった「粗筋」の記述はいわゆるイデオロギーの押し付けになってしまい、広く一般市民を対象とした展示としては支持を失ってしまうだろう。反対に、日常史に近づくほど好まれるモノの陳列は、家庭の領域での女性のプライベートな生活文化が大きな政治・社会との関わりを捨象したかたちで提示されるとき、これまたきわめて問題含みなものになりかねない。モノの陳列では、女性たちが使用した道具や身に着けた衣服の、「本物」がもつアウラをとおして、その事物が意味する経験の社会的・政治的文脈よりは、持ち主だった個々の女性の「生の痕跡」のほうに意味が移っていく。このアウラはしばしば、時代の荒波にもめげず、苦しい状況にあってもたくましく生きた庶民の姿として、抵抗的な意味を付与されて提示されるのである。ある研究者の報告によれば、一九九〇年代初頭にドイツの地方都市の市立博物館で展示された郷土の歴史で、ナチズムの非道なおこないを示すコーナーの隣に、何の説明もなく唐突にコルセットだけを着けた半裸の女性マネキンが置かれていたという[10]。戦争やナチズムの歴史を認識するうえで、この下着だけの人形は何を意味するのだろうか。それはせいぜい、つらく厳しい時代にあっても女たちはけなげにやりくりをしてコルセットを身に着け、プライベートな生活でおしゃれや自由や娯楽を享受していたというドメスティックな領域の賛美、「社会からの避難所としての家庭」という神話を塗り固める意味しかもたない。教育的な意味から担保されるべき最低限の歴史のメーン・ナラティヴ（構造的説明）が、こうしてモノの羅列によって断片化され、粉々に分断されてしまうのである。

解説文による解釈の押し付けではなく、かといってモノや写真を並べ立てるだけでもなく、観客の想像力を刺激しながらゆるやかな読解にいざなうためには、どのようにすればいいのか。展示の研究者たちの間で議論の焦点になっているのが、脈絡を「読ませる」ための「演出」である。それ自体では多義的な意味をもつモノやイメージを、一義的な意味へとゆるやかに誘導する展示の修辞学《レトリック》といってもいいだろう。ミュージアム展示による「歴史の演出」と観者のアイデンティティ形成について論じたドイツ歴史博物館のロスマリー・バイアー＝デ・ハーンは、「歴史を解釈するための歴史学による根拠の独占が弱まるにつれて、歴史の演出というものが歴史解釈に関する論争を開く媒体として重要性をましてくる[11]」（傍点は原文）と指摘し、一義的な歴史解釈の後退に伴い、それ自体は美的鑑賞の対象であるモノを、演出によって文脈化する必要を説いている。

4 フランクフルト歴史博物館「女性の日常と女性運動 一八九〇―一九八〇」展

ここで、既存のミュージアムのなかに女性の歴史を展示しようとした具体例として、フランクフルト歴史博物館で一九八〇年秋から常設展としてオープンした「女性の日常と女性運動 一八九〇―一九八〇」展を見てみたい。この展覧会は、ドイツ語圏でのフェミニズムの視点に立った対抗展示(いわゆるカウンター・ディスプレイ)の先駆けとして大きな反響を呼んだ。そもそもこのフランクフルトの博物館は七二年以来、「民主的なミュージアム」をモットーに、支配者の歴史だけでなく、社会の底辺や周縁にいる集団の歴史をも視野に入れるリベラルな方針をとっていた。そこで新たに、アカデミズムでの女性史研究の成果を歴史展示のかたちで見せようと、研究者や市民ボランティアらと連携し、数年間にわたる周到な準備ののちに実現したのがこの展示だった。残念なことに、オープンから四年後の八四年、旧西ドイツ全般の政治の風向きの変化と館長の交代にともなう運営方針の変更によって、常設展は惜しまれながら幕を下ろした。それでも本展は、その後の女性史展示の手本とされ、近年のジェンダー・ミュージアム論でも高く評価されている。その内容を以下に詳しく見てみよう。(12)

まず会場構成は、十九世紀末から現代(一九八〇年)までを五期に分け、ドイツ帝政時代、ワイマール共和国、ナチ時代、戦後と復興、そして一九六八年以降に至る、従来どおりのクロノロジカル（編年的）な流れに沿っている（図5）。そして、これら各時代を貫く共通の小テーマとして、現在の女性の日常的な経験領域にも結び付く「愛」「美」「教育」「家庭」「職業」「余暇」のコーナー、それに「女性運動」のコーナーが各会場に設けられていた。(13) たとえば「愛」のコーナーは恋愛や性に関する事項、「美」のコーナーはファッションや美容に関する事項というように女性の日常に密接に関係した項目立てになっている。こうした展示にはしばしば通俗的な大衆文化の資料や個人の所蔵品が必要となり、同ミュージアムの所蔵品ではカバーしきれないため、蚤の市や骨董商などから改めて収集・購入したり、一般から寄贈を呼びかけたりして充実をはかっている。その一方、展示として可視化しきれない情報や聴き取り調査の詳しい内容については、大部の資料集が編まれていて、この展覧会の企画構想から展示内容にいたる詳細なドキュメントと併せて頒布された。(14)

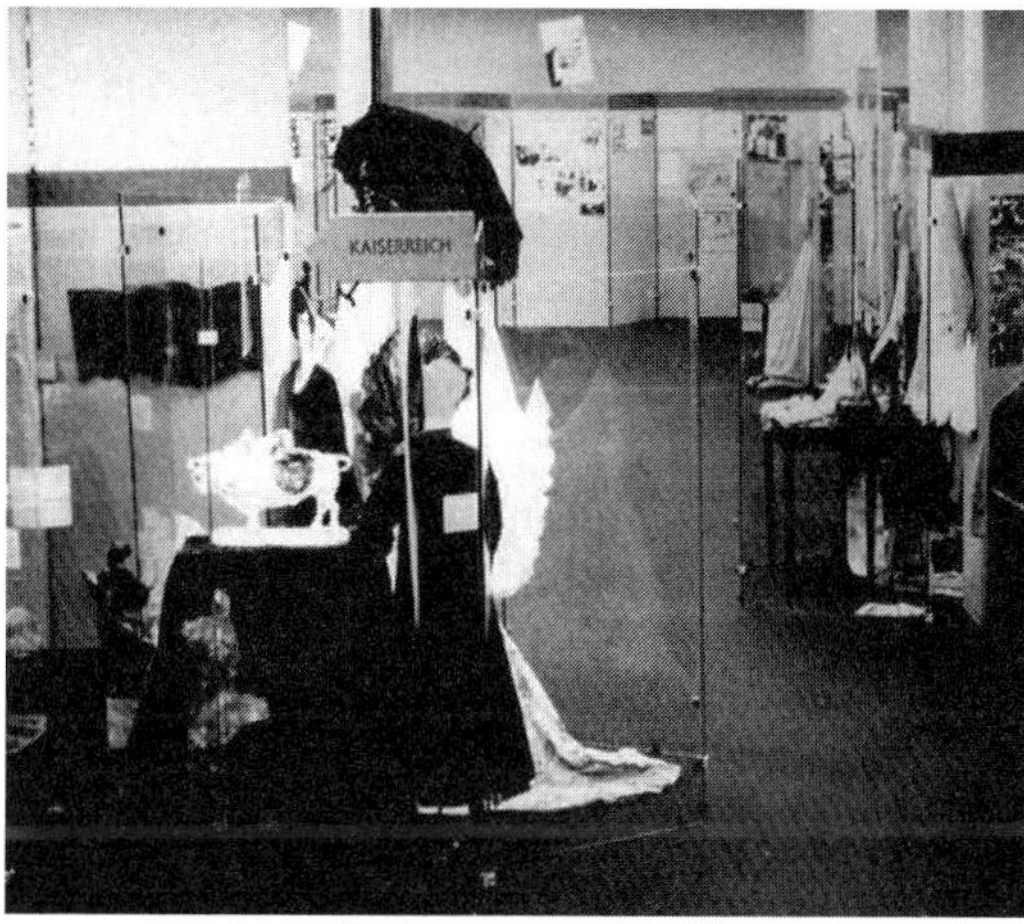

図5　「女性の日常と女性運動　1890―1980」展（フランクフルト歴史博物館）　©Historical Museum Frankfurt/M., Germany

この展示は、現在から見ても斬新で画期的なものであるとされる。その理由について、前述の展示の表現系に照らして検証してみると、どんなことがいえるだろうか。

まず縦軸の「全体史」と「日常史」についてみる。本展は、館全体の展示が示すフランクフルトという都市の歴史、すなわち「全体史」の一画に女性史コーナーとして常設化されたものであり、その意味では全体史を補完する社会風俗や日常史というかたちで女性をゲットー化しているようにも見える。しかし、この女性史コーナーはたんなる全体史展示の補完ではない。むしろ二十世紀の歴史や社会のありさまを具体的かつ複眼的に見せる入り口として、「なるほど女性たちはこう経験したのか」という理解を促すものとして構想されているのである。たとえばワイマール時代の会場入り口には、一九二〇年代末の世界恐慌によって大量の女性が失業し、失業者救済のための食事給付に長い列を作って並ぶ女性たちの写真が掲げられる。こうして女性史をとおして、逆に全体史の様相が見えてくるようになっている。各時代別の会場には、政治と社会の大きなメルクマールや、小テーマごとの概況を叙述するパネルが設けられていて、国家レベルでの全体史と緊密に関連づけられている。

また、女性の経験を日常史の文脈に囲い込み、家事や育児といった日常生活の場面では女性がすべて同じ歴史を生きたかのように無批判に女の生活文化を本質化してしまうことを極力避けるため、貧富の差、ひいては階級による違いや同時代のなかでも世代の差などに配慮している。展示品は、それがどのような経済的階層の持ち主によって使用されたものかが、たとえば給与額などといった収入の多寡で具体的にわかるよう工夫されている。そして重要なことは、こうした女性の経験の再構成を通じて、それが社会的な抑圧の構造のなかで作られたことを示唆し、女の日常というものに批判的な距離を置くような展示とコメントを添えていることである。[15] たとえばナチ時代には、主婦や母親は家庭の守り手としての役目を称揚されたが、ナチは職業生活や結婚、パートナーの選択や出産計画などさまざまな局面について、法律や条令を作って女性の私生活に干渉しようとしたことなどが解説されている。また、服の手作りやジャムなどの「保存食作り」といった一見非政治的でほほ笑ましい家事が、実は戦時体制への準備として倹約と食料自給をうながす国策によるものだったことも指摘されている（図6・7）。

次に、横軸の「コンテクスト重視」か「モノ重視」かという展示技法は、どのようなものだったのか。展示記録集に収録されている企画者のステイトメントによれば、本展は解説テクストなどによる合理的啓蒙か、「オブジェ・フェティシズム」的な観る楽しみかという、誤った二者択一はし

図6　ナチ時代の台所（フランクフルト歴史博物館）　©Historical Museum Frankfurt/M., Germany

図7　ナチ時代の被服（フランクフルト歴史博物館）　©Historical Museum Frankfurt/M., Germany

ないとする立場をとり、歴史への批判的な取り組みのためには、観客の見たいという欲望やエモーショナルな感動も重要な前提になるとしている(16)。そこで一方では、展示品と解説テクストとが有機的に関連づけられるように配慮され、解説文づくめでもモノの羅列でもなく、展示品とテクストの間でおのずと意味づけが演出されるような新しい関係が打ち出されている。他方では、企画者による一方通行で独断的な展示となるのを避けるために、市民から寄せられた個人の証言や回想、思い出の品々などを展示に盛り込み、感情移入を誘う工夫もなされていて、この経験者の語りがオブジェの文脈を作るという効果も生み出している。

こうしてフランクフルトの女性史展示は、女性カテゴリーのなかの差異に配慮し、その日常経験を批判的に捉え返し、そして周到に計算された配置による演出によって意味を作り出したという点で、画期的な展示を実現したのである。展示そのものは当時の記録写真で見るかぎり、現代日本のミュージアムのそれに比べてかなり安価な作りで、予算などさまざまな制約があったと想像される。また、一九八〇年代の政治の保守化に抗してこの展示が生き延びられなかったほど、フェミニズム色が濃いと受け取られたことも一つの限界だったかもしれない。だが、女性の経験を展示するとはどういうことかを考えるうえで、このフランクフルトの展示コンセプトは今後も参照されていいものだろう。

5 ミュージアムの教育効果——「私」と「歴史」をつなぐために

本章では、ミュージアムの展示手法に焦点を当てて経験の可視化という問題を検討してきた。最後に、展示そのものの枠組みを超えて、受け手である観客との関係性や、観客に訴えかける効果という点に踏み込んで、以下の二つの点を指摘しておきたい。

第一に「共感」ということ。先に述べたように、フランクフルトの女性史展でも、企画者は、「批判的な歴史理解のためにも、情動的な感動は必須」と書いていた。共感を誘う展示とするためには、書かれた歴史の合理的説明を超えた、感情に訴えかける演出（個人のパーソナルヒストリーなど）が必要だろう。そのうえでさらに、もう一つの共感があること、すなわち個々の展示レベルではなく、展覧会そのものというメタレベルで、観客がいだく共感が存在することを考えてみる必要がある。フランクフルトの展覧会が成功した背景には、当時の女性学の盛り上がりがあり、市民運動や大学や高校など教育現場との連携があったことが、記録資料や写真からもうかがえる。そして、展示コンセプト全体が表すオルタナティヴな歴史観への共感が、この展覧会を支えていたことがわかる。(17) 近年のミュージアム研究によると、展示によるアイデンティティ形成は、個々の展示のパーツではなく、その展覧会あるいはそれを開催したミュージアムが社会的にとるスタンス、学問傾向でコミットするポジションといった、「立ち位置」への同一化や共感から生まれるといわれる。展示レベルのコミュニケーション効果に対して、これを、よりメタレベルの「メタコミュニケーション効果」と呼ぶ研究者もいる。[18] 日本でも、女性の社会史や文化史（美術や音楽）といった企画展でこうした共感をはぐくんでいくことが重要であり、その意味で教育現場にいる教師の役割は大きい。

第二に「想像力」ということ。体験していないことを感じ取り理解するためには、歴史的想像力が大切だということである。テレビドラマや映画の歴史物は、たしかに最も身近な歴史的ファンタジーへの窓口となりうる。だがミュージアム展示は、どんなに物語的に作ろうとしても所詮、断片の寄せ集めでしかない。しかも、一つひとつの展示物は、歴史のナラティヴをはみだす個別の偶然的な要素をたっぷり含んでいる。だから、それらをつなぐ隙間、余白を能動的に読み取ろうとする想像力が試される。それが、合理的で教科書的な歴史認識を個人の意識の底で支えるものなのではないか、と考える研究者もいる。近年、欧米の文化・歴史系ミュージアムで、展示にアートが採り入れられるのをよく目にする。それはたんなる観客動員のためのアトラクションというにとどまらない。個人的で偶然的な記憶や連想を大きな集合的歴史につなげる「想像力の回路」としてアートが要請されている、と筆者は考えている。これはほんの一例だが、フランクフルト歴史博物館では本章で紹介した女性史展とは別に、二〇〇〇年から館内の一角に、女性アーティストが市民と一緒に作る歴史アーカイヴ型の作品『老人たちの図書館』を常設展示している。女性史展でも試みられたような個人の思い出の品や日記、証言の録音テープなどを集めたもので、市民参加型のミュージアム・プロジェクトである。通常の展示では、結局のところ「何が女性の経験か」を、企画者や研究者がたえず規定し構築してしまうのである。展示企画者の独断を避けるために、個人の回想や証言を、いわゆるオーラルヒストリーの観点から採り入れる必要もあるだろう。経験とは、あくまで個人のレベルでしかありえないからである。「共感」も「想像力」も客観的に計量化できない概念ではあるが、ミュージアム展示を社会的文脈と個人の心理との双方から考えるうえで、核心をなす要素ではないだろうか。

注

（1）文部科学省「社会教育調査書――平成二十年度結果の概要」(http://www.mext.go.jp/b_menu/toukei/chousa02/shakai/kekka/1268528.htm)。なお、この分類では歴史博物館や美術博物館のほか、総合博物館や動物園、植物園などが含まれる。このうち「博物館」に分類される千二百四十八館のなかで、歴史博物館は四百三十六館と約三分の一を占める。博物館類似施設だけをとっても、一九八七年から二〇〇八年で比較してみると約三倍に増えている。

（2）この記述は、二〇〇九年十一月時点での展示に拠っている。

（3）「現代」（第六室）に関する本章の記述は、二〇一〇年八月時点での展示に拠っている。なお、この「現代」展示に関しては、同展示についておこなわれた「歴博フォーラム」の記録が国立歴史民俗博物館から刊行されており、企画者による展示コンセプトの解説も収められている。国立歴史民俗博物館／安田常雄編『歴博フォーラム　戦争と平和――総合展示第六室〈現代〉の世界1』東京堂出版、二〇一〇年

（4）G.Hauer, R.Muttenthaler, A.Schober und R.Wonisch, *Das inszenierte Geschlecht; Feministische Strategien im Museum*, Böhlau Verlag, 1997, S.17-18.

(5) Informationsblätter zu der Ausstellung, "Frauenalltag und Frauenbewegung in Frankfurt 1890-1980; Historische Dokumentation 20. Jahrhundert," Historisches Museum Frankfurt, 1980.

(6) ドイツ歴史博物館についてのこの記述は、二〇〇九年八月現在の展示による。

(7) ドイツではいわゆる「六八年世代」が一九七〇年代に大量に教育現場に入っていき、教員の飽和状態になったために、歴史を学んだ若い研究者たちは各地に新設されたミュージアムに活路を見いだしていった。Detlef Hoffmann, "Spur.Vorstellung.Ausstellung," in *Geschichtskultur in der Zweiten Moderne*, Herausgegeben für das Deutsche Historische Museum von Rosmarie Beier, Campus, 2000, S.172.

(8) Rosmarie Beier-de Haan, *Erinnerte Geschichte- Inszenierte Geschichte*, Frankfurt: Suhrkamp, 2005, S.12

(9) Hauer, Muttenthaler, Schober und Wonisch, a.a.O., S.28-29.

(10) Irit Rogoff, "Von Ruinen zu Trümmern; Die Feminisierung von Faschismus in deutschen historischen Museen," in Silvia Baumgara, u.a. Hg., *Denkräume Zwischen Kunst und Wissenschaft*: 5. Kunsthistorikerinentagung in Hamburg, 1991, Dietrich Reimer, 1993, S.260.

(11) Beier-de Haan, a.a.O., S.16.

(12) 同展のカタログ(Informationsblätter zu der Ausstellung 注5)と資料集(*Frauenalltag und Frauenbewegung im 20. Jahrhundert; Materialsammulung zu der Abteilung 20. Jahrhundert im Historischen Museum Frankfurt*, Bd.I-IV)は、フランクフルト歴史博物館の学芸員マルタ・カスパース氏から筆者が寄贈を受け、また写真掲載の許可もいただいた。氏のご厚意に感謝したい。

(13) この「女性運動」のコーナーは、ナチ時代についてだけ「抵抗運動」に置き換えられていた。

（14）Informationsblätter, a.a.O., ページ表記なし（本文二ページ目）
（15）ただし、企画者自身が資料集のなかで認めているように、女性の「解放史」とりわけ財産権や労働組合など法的・制度的権利の獲得については、可視化することができず、展示というメディアの限界があり、その補完として資料集という冊子を用意したという。
（16）Informationsblätter, a.a.O., ページ表記なし（本文八ページ目）
（17）展覧会記録のなかには、学校教育との連携についても記述が散見され、中学・高校生らが校外見学のかたちで教員に引率されて訪れたときの様子を垣間見ることができる。それによれば、従来の社会調査では、女子は男子より学校や自由時間に歴史に興味を示すことが少ないとされてきたが、この歴史展示の見学の場合は、女子生徒のほうが長く会場にとどまって興味を示していたという。Informationsblätter, a.a.O.,（本文三ページ目）
（18）Roswitha Muttenthaler, Regina Wonisch, *Gesten des Zeigens; Zur Repräsentation von Gender und Race in Ausstellungen*, Transcript, 2006, S.54-56.

第13章

「女たちは歴史が嫌い」か？

――少女マンガの歴史ものを中心に

藤本由香里

1 「女子供に歴史ものは受けない」?

かつて、池田理代子が、「週刊マーガレット」(集英社)でフランス革命を背景にした『ベルサイユのばら』の連載を始めようとしたとき、編集者はこう言って反対したという。

「女子供に歴史ものは受けない」

池田理代子はこの言葉に腹を立て、「「何が女子供だっ」と思って」「必ずヒットさせる」「ヒットしなければ、すぐ打ち切りでかまわない!」という条件で一九七二年五月、『ベルサイユのばら』の連載を始める。

結果、新連載『ベルサイユのばら』は、第一回から人気トップに躍り出た。[1] その後、この作品は宝塚の超人気演目ともなり、今日まで、少女マンガの代表作として長く読み継がれている。『ベルばら』に限らず、少女マンガに歴史ものの人気作は数多い。しかし、そこには、確かに男性向け歴史マンガとは違った特徴があるようだ。

まず、男性誌の歴史ものが、実在の人物を中心に描くことが多く、誰が何年何月にどこでどうした、といった細かい史実に基づいて展開する場面が多いのに対し、女性誌の場合はそういった「史実依存性」は低いといえる。

たとえば男性誌の最近の人気作でいえば、戦国時代の実際の合戦の跡を足で歩いて、数キログラムの甲冑をつけてこの山道で戦うとき、実際の戦闘のあり方は……ということを検証しながら描いた宮下英樹『センゴク』（講談社）のような作品もあるし、古田織部を主人公とした山田芳裕『へうげもの』（講談社）なども、一瞬刀で胴を上下に切り離された織田信長の身体が次の瞬間にはまたくっつく、というシュールな展開を交えながらも、物語の時間軸としての展開は実に史実に忠実で、まさに何年何月何日に誰がどうした、という話が随所に出てくる。

あるいは、関ヶ原から明治維新までを描いた超大河連載であるみなもと太郎『風雲児たち』（潮出版社）にしても、ギャグの絵柄で物語が展開するにもかかわらず、中身は、たくさんの歴史書を読み、そこから統合的に作り上げた、みなもと流一大歴史解釈書になっている。

佐々木小次郎を聾啞に設定した大胆な解釈の井上雄彦『バガボンド』（講談社）に

図１　『ベルサイユのばら』連載スタート時の「週刊マーガレット」表紙
（出典：「週刊マーガレット」1972年5月21日号、集英社、表紙）

図２　『ベルサイユのばら』の麗人オスカル
（出典：池田理代子『ベルサイユのばら』第８巻〔マーガレット・コミックス〕、集英社、1974年、123ページ）

しても、実在の人物である宮本武蔵を主人公にしている以上、物語の基本的な流れは史実に沿って進むことになる。

対して女性誌の歴史ものは、物語の流れとしては実際の歴史に基づいていても、男性誌に比べて具体的な史実依存性が低く、架空のキャラクターを大胆に投入したり、人物設定を大胆に翻案したりといった作品が多い。

たとえば『ベルサイユのばら』では、マリー・アントワネットの生涯を忠実にたどる一方で、架空のキャラクターである男装の麗人オスカルが物語のもう一つの中心となっているし、聖徳太子を主人公とした山岸凉子『日出処の天子』（白泉社）では、聖徳太子は超能力者と設定され、また、蘇我毛人との男同士の恋愛関係が描かれる。

あるいは同じ池田理代子の『オルフェウスの窓』（集英社）にせよ、森川久美の『南京路に花吹雪』（角川書店）や、ヴェネチアの女首長《ドーチェ》を主人公にした〈ヴァレンチーノ・シリーズ〉にせよ、あるいは、超ロングラン連載・細川知栄子『王家の紋章』（秋田書店）にせよ、女性誌で歴史もの……と考えると、架空のキャラクターたちを設定して展開される歴史ロマンが多く思い浮かぶ。

また、各誌の連載に必ずといっていいほど歴史ものを抱え、時代劇専門誌（「コミック乱」〔リイド社〕、「斬鬼」〔少年画報社〕）さえ成り立つほどの男性マンガの歴史愛好ぶりに比べると、女性向けマンガのなかで、歴史ものは確かに数は少ないといえるだろう。「斬鬼」は惜しくも休刊になったようだが、「コミック乱」は不況のなかでも好調らしい[2]のに対し、かつて角川書店が試みた女性向けの「歴史ロマンＤＸ」はマニアの支持は高かったらしいが休刊してしまったという経緯もある。

では、これらはやはり、件《くだん》の編集者の言う通り「女子供に歴史は受けない」「女たちは歴史に興味がない」ことを示しているのだろうか。「女たちは歴史が嫌い」だからこそ、マンガでも史実に基づかず、架空のキャラクターの物語を作りたがるのだろうか。

いや、その裏にはもう少し深い理由がありそうだ。これはそれを探ろうとする試みである。

2　二大人気テーマ――「フランス革命」と「新撰組」

少女マンガで繰り返し描かれる人気の歴史テーマといえば、まず挙げられるのが「フランス革命」である。有名な池田理代子『ベルサイユのばら』をはじめ、フランス革命を本格的に描こうとした作品として木原敏江『杖と翼』（小学館）、森園みるく（原作：藤本ひとみ）『欲望の聖女《セイント》令嬢テレジア』（小学館）などがあり、上原きみ子『マリーベル』（小学館）など、フランス革命を背景にしたドラマまで挙げていけばきりがない。

このうち木原敏江『杖と翼』は、貴族の血を引きながら庶民として育った少女をキーパーソンに、サン・ジュストに焦点を当ててフランス革命を描こうとしたもので、文庫本ではフランス革命についての解説がかなり描き足されてもいる。一方、森園みるく（原作：藤本ひとみ）『令嬢テレジア』は、ロベス・ピエールの独裁を覆すのに大きな役割を果たし、〝テルミドールの聖母〟と呼ばれた実在の人物テレーズ・カヴァリュスを主人公にしたもので、性的にはかなり奔放ながら、「自由」

図３　萩尾望都に影響を与えた手塚治虫『新撰組』
（出典：手塚治虫『新撰組』〔ダイヤモンドコミクス〕、コダマプレス、1966年、212―213ページ）

を愛し、前に進むことをけっしてあきらめないテレジアの生き方は印象的で、私を含め単行本にはさまざまな人たちが帯文を寄せている。

しかし、少女マンガで最も人気が高い歴史テーマは、実は「新撰組」である。

手塚治虫の『新選組』（これは少年マンガだが）を読んで、相戦うことになった親友同士の胸中にさまざまに思い巡らせたこと[3]が萩尾望都がマンガ家を目指す一つのきっかけになったというエピソードをはじめとして、かつての名作だけでも、木原敏江『天まであがれ！』（集英社）、和田慎二『あさぎ色の伝説』（白泉社）、里中満智子『浅葱色の風』（講談社）、弓月光『恋よ剣』（集英社）など多数ある。その後も、若手俳優の大胆な配役で注目された二〇〇四年のＮＨＫ大河ドラマ『新選組！』（作・脚本：三谷幸喜）の影響もあって、「新撰組」をテーマにした少女マンガ作品は増え続けており、ここ十年ほどでも、小学館漫画賞を受賞した渡辺多恵子『風光る』（小学館）をはじめ、岩崎陽子『無頼

——ＢＵＲＡＩ』（角川書店）、菅野文『北走新選組』『凍鉄の花』（ともに白泉社）、かれん『歳三梅いちりん——新選組吉原異聞』（集英社）、きら『だんだら』（集英社）など多数の作品が描かれている。

また、少女誌の連載ではないが、主な読者が女性であると判断される人気作品に、黒乃奈々絵『新撰組異聞 PEACE MAKER』シリーズ（マッグガーデン）などがあり、そのほか、隊士が薬を飲んで女性化するという設定の三宅乱丈『秘密の新選組』（太田出版。作者は女性）などの異色作もある。

全体としては、一九七〇年代のかつての名作では、素直でまっすぐな青年剣士・沖田総司を主人公にしたものが多く、最近の作品になってくると、ひとくせあるクールな策士・土方歳三を主人公としたものが多くなってきている。

図４　新撰組をテーマにした作品
（出典：木原敏江『天まであがれ！１』〔「木原敏江全集」第３巻〕、角川書店、1989年、９ページ）

また、少女マンガで「新選組」という歴史的題材が人気なのは、なんといっても、「夢と志をもって幕末という激動の時代を生き、夭折した、若い男たちの集団」の記録であることが大きい。しかもこの群像劇は多彩なキャラクターで彩られている。

「チーム男子」[4]という言葉があるとお

図５　「前髪の惣三郎」は男装の少女
（出典：渡辺多恵子『風光る』第１巻〔フラワーコミックス〕、小学館、1997年、91ページ）

り、若い男性の集団を中心とした（少年）マンガ作品はこのところ特に女性たちの人気を集めており、そのなかから好きなキャラクターを二人選んで、その二人が実は恋愛関係にあるという設定で遊ぶパロディ的な同人誌作品が「やおい」[5]と呼ばれて一大人気ジャンルを形成しているが、「新撰組」というテーマを扱った作品には、そのジャンルに通じる魅力も見え隠れする。

たとえばこのジャンルの初期の傑作である木原敏江『天まであがれ！』（一九七五年）のなかに、土方の沖田に対するこんなセリフがある。「はじめてあったときからずっとおめーがどうおもおうと、あいぼうにしようときめていた」「おれがだからおまえの手をにぎって血をはこうが死のうがさいごまではなさなかったら、めいわくか総司？」

また、初期の傑作には土方と沖田の二人をメインに据えた作品が多いが、最近の作品になると、より「多彩なキャラクターによる群像劇」という色彩が強まってきている。

そしてもう一つ、代表作品数は少ないとはいえ、少女マンガで人気のあるモチーフに「源義経（頼朝）」がある。上田倫子『リョウ』（集英社）、高河ゆん『源氏』（新書館）がそれで、どちらもパラレルワールドへのタイムスリップものであり、前者は、義経は実は女性だったとし、後者は、

〈源氏〉＝源頼朝に対する義経の恋愛感情が描かれるなど、ある種のトランスジェンダーが設定されていることが注目される（実は少女マンガの歴史ものには、この「性別越境」的なモチーフが多く見られ、前述の渡辺多恵子『風光る』も、〝前髪の惣三郎〟は実は女性だったという設定になっている）。

図6　源義経が女性だったという設定
（出典：上田倫子『リョウ』第1巻〔マーガレットコミックス〕、集英社、1996年、106―107ページ）

こうして、「フランス革命（貴族側の視点が常に入る）」「新撰組」「源義経」と並べてくると、〈激動の歴史と歴史転換期のなかで滅びていくものへの哀惜〉という共通項が見出されるように思える。「世の中が根本的に変わろうとするときに、その狭間であがいて、時代を打ち破ろうとする意志をもちつつ、しかしその向こうへと超えていくことはできなかった者たちのドラマ」であるともいえるだろう。「新撰組」「源義経」には、若い男性の〝夭折〟の美学もあるだろうが、そこに、「時代を変えたい」と思いながら、それが難しいという予感をもつ読者たちの意識されざる無念、を重ねることも、可能かもしれない。

また、「歴史転換期」のなかでも、「貴族の時代から民衆の時代へ」「武士の時代から近代国家へ」「貴族の時代から武士の時代へ」というふうに、「社会の仕組みと人々の生活が、根本から大きく変わる時期」が選ばれていることにも注意が必要である。

3 「史実」と「架空」のキャラクター

実は女性向けマンガのなかにも、「史実」をかなり忠実に追った作品もいくつもある。たとえば、里中満智子『天上の虹――持統天皇物語』（講談社）あるいは『長屋王残照記』（徳間書店）。水野英子『ルートヴィヒⅡ世』（中央公論社）、池田理代子『女帝エカテリーナ』（中央公論社）、青池保子『アルカサル――王城』（秋田書店。十四世紀スペイン、ペドロ一世の生涯）などがそれで、円熟した大家の作品が多く、特定の個人に焦点を当てた伝記的なものであることが特徴である。その意味では、フィクションも混じるとはいえ、美内すずえ『白ゆりの騎士』（白泉社）など、ジャンヌ・ダルクの生涯というのも、少女マンガで複数回にわたって取り上げられたテーマだ。

しかし、際立って人気のある作品となると、A：〈物語の流れは「史実」だが人物設定を大胆に翻案、あるいは架空のキャラクターを投入し、大胆にからませたもの〉が目立ってくる。

それこそ、〝男装の麗人オスカル〟が登場する『ベルサイユのばら』もそうだし、同じ池田理代子の『オルフェウスの窓』もそうである。

『ベルばら』に続いて描かれた『オルフェウスの窓』は、宿命によって結ばれた三人の若者の運命をたどる大河作品で、第二部で第二次世界大戦、そして主要部分となる第三部では、ロシア革命を舞台に大きな歴史のうねりが描かれていく。

図7 「史実」に忠実に描く作品
（出典：水野英子『ルートヴィヒII世』第１巻、中央公論社、1987年、158―159ページ）

主要登場人物はいずれも架空のキャラクターだが、中心となるのは、愛人だった母が自分の子に財産を継がせるために生まれたときから「男」と偽って育てられたユリウスで、彼女が継ぐべき財産にはロシア皇帝の隠し財産の鍵が含まれており、そこにはドレフュス事件の真相も関わっている。彼＝彼女ユリウスは、やがて起こるロシア革命に、運命の相手であり、生まれながらの革命の闘士クラウス（アレクセイ）とともに巻き込まれていくことになる。

また、山岸凉子『日出処の天子』は、先にもふれたように、聖徳太子は超能力者であり、蘇我毛人に恋愛感情を抱くという設定で、主な登場人物は基本的にすべて実在の人物なが

図８　実在の人物から異なった物語を紡ぐ作品
（出典：山岸凉子『日出処の天子』第１巻〔白水社文庫〕、白水社、1994年、56ページ）

ら、物語はまるで違った様相を呈している。一方、主要人物二人の配置が『日出処の天子』とよく似ている岡野玲子（原作：夢枕獏）『陰陽師』（白泉社）は、実在の人物である安倍晴明に架空の友人・源博雅をからませて描いたもので、怪異をめぐる物語の大半は創作だが、岡野自身による解説を読むと、史実として残っている九六〇年（天徳四年）の内裏炎上をはじめ、実際に安倍晴明がおこなった記録がある陰陽道の儀式などについては、かなり詳細に史実や資料を調べて描かれているのがわかる。

最近映画にもなって話題を呼んだ、よしながふみ『大奥』（白泉社）は、徳川家光以降の将軍は実は女だった！（原因は男だけが死ぬ伝染病がはやったため）。しかし鎖国をしており、公文書には男名前を使っていたので、そのことは他国に露見せず、歴史的にも伝わらなかった、という実に大胆な設定の物語で、美男三千人の大奥総ぶれのシーンはちょっとした見物である。読むと、登場人物の男女こそ逆転しているものの、将軍の性格や周りの人物との人間関係、細かい経緯にいたるまで、かなり史実に忠実に描かれているのがわかる。しかし男女が逆転すると当然、伝記的事実の後ろにある事情や解釈は変わってくるわけで、そのあたりが、主に感情的な位置づけの面で非常に工夫して描かれているのが目を引く。たとえば、「世継ぎができない」ということ一つとってみても、将軍が男性であるのと女性であるのとではその意味は違ってくる。「歴史解釈と女性」を考える意味で、実に興味深い例だといえる。

図９　登場人物の男女を逆転させた作品
（出典：よしながふみ『大奥』第１巻〔Jets comics〕、白泉社、2005年、18―19ページ）

　また、現代の少女が古代ヒッタイトにタイムスリップして、やがてムルシリ二世の妃となって活躍するという設定の篠原千絵『天は赤い河のほとり』（小学館）は、まったくのファンタジーのように見えながら、登場人物（とくに王家周辺）の配置は、ほとんどムルシリ二世周辺の実在の人物である。

　珍しいところで言えば、神坂智子『蒼のマハラジャ』（ホーム社）は、第二次世界大戦前後のインド（ジョドプール）を舞台に、最後のマハラジャに嫁いだイギリス人少女の物語を描いており、藩王国の終わりとインドの独立、そしてマハトマ・ガンジー率いる中央政府（国民会議派）の施策を地方ではどう捉えていたかまでを、一貫して人々の生活に目を注ぎながら描いているのが特徴的である。

4 「歴史」でなく、「時代」を描く女性マンガ

また、基本的には右記に準じるが、具体的な史実や歴史上の人物を描くというより、B：〈ある「時代を背景に」「フィクショナルなキャラ」を活躍させることによって、「その時代と社会の雰囲気」を伝えようとする〉作品群もある。

とくに、「女性の生き方」や、ある時代の女性史を伝えようとする作品にそれは象徴的に表れる。たとえば、市川ジュン『陽の末裔』（集英社）。これは「青鞜の時代」を生きた二人の少女の物語で、ともに女工だった二人のうち、一人の少女はその美しさと利発さを買われて資本家の養女となり、やがて女性実業家へ。そしてもう一人の主人公である少女は、労働運動を経て新聞記者になり、やがて反体制運動に身を投じるようになる。対照的だが、どちらも確かに「陽の末裔」と感じさせる、新しい時代の女性の生き方。市川ジュンは自覚的にこうした時代ものの作品を描き継いでいっており、ほかにも『この星の夜明け』（集英社）と題した、草分けの女性弁護士の物語も描いている。

また、これに続く大正デモクラシーの時代を取り上げた有名な作品に、大和和紀『はいからさんが通る』（講談社）があり、このなかの、「わたしたちは殿方に選ばれるのではなく、わたしたちが

図10　時代を描くマンガの例
（出典：大和和紀『はいからさんが通る』第１巻〔講談社コミックスフレンド〕、講談社、1975年、18―19ページ）

殿方を選ぶのです」という言葉に胸高鳴らせた読者は少なくないに違いない。登場人物はすべて架空のキャラクターだし、史実としては関東大震災くらいしか出てこないが、しかし、女性がそれまでの殻を破って自分の道を歩み始める時代の「空気」というものはよく伝えている。大和和紀は、「はいからさん」の少し前の明治時代、「男たちの足が夢を追って大海を渡った次代、女たちの瞳があこがれに満ちて海にそそがれていた時代、ヨコハマの時代、明治の時代」で終わる『ヨコハマ物語』（講談社）も描いており、これもまた、父の後を継いで海運会社の女性社長となり、さまざまな苦難を乗り越えていく少女と、貧乏ななかでアメリカに渡り、彼の地で看護婦になる、対照的な二人の少女の物語だ。

しかし、こうしたある時代の雰囲気を伝える「女性史」を描こうとするマンガのなかでも最も印象に残る骨太な作品が、

図11　「女性史」を描こうとする骨太な作品
（出典：曾根富美子『親なるもの　断崖』第２部〔エメラルドコミックス〕、宙出版、1992年、60―61ページ）

室蘭・幕西遊郭を舞台に、最底辺の遊女を中心に据えて、この製鉄と遊郭の町の、戦前・戦中・戦後史を真っ向から描こうとした曾根富美子『親なるもの　断崖』（宙出版）である。

幕西遊郭の遊女だったお梅は共産主義者の学生と恋仲になり、足抜けを計るが断崖に追いつめられ、さらに凄惨な境涯に身をおくようになる。その梅と結婚し、娘をもうけた「日鉄」社員の父。しかし母は失踪。父親は娘である少女に言う。「おまえの母さんは女郎だった。アカの女郎だった。だから父さんは母さんと夫婦《いっしょ》になったのだ。いちばん無力で非力な立場でありながら、その矛盾と戦っていた。決して妥協はせず、人間本来の姿を見失わずにいた。あの浜の名を知っているか。イタンキの浜。そうだ、〝怒りの浜〟ともいう。この浜は昔から悲しいことが多かった――いまでもそうだ。日鉄の工場で死んだ強制労働者の骸はあの浜に埋められるのだ。あの浜を歩いてみろ。〝泣き砂〟といって人の泣き声のような足音になる。室蘭《ここ》はそういう街なのだ。そしてここがおまえの生まれた土地だ。室蘭《ここ》がおまえの親なのだ」

女性にとって新しい扉が開く胸高鳴る時代だけでなく、こうした民衆の歴史と結び付いた「底辺の女性史」ともいうべきところにも目が向けられていることに、胸が熱くなる思いがする。

このほか、「女性史」ではないものの、ある時代を背景にフィクショナルなキャラを活躍させることによってその時代の社会と雰囲気を描こうとした作品で有名なものとしては、三十年以上にわたる長期連載として有名な細川知栄子『王家の紋章』（古代エジプトに歴史を研究する現代の少女がタイムスリップして「ナイルの娘」と呼ばれるようになり、古代の歴史に大きく関わっていく）、昭和初期の中国を舞台に、日中戦争を回避しようとして闘う人々を描いた森川久美『南京路に花吹雪』、同じ作者の〈ヴァレンチーノ・シリーズ〉（ルネサンス期、男装のヴェネチア女性元首を主人公に、彼女の女性に対する愛も描かれる）、〝鬼〟とからめて室町時代の能楽師たちの生活などを描いた木原敏江『夢の碑』シリーズ（小学館。これに限らず木原敏江はさまざまな歴史もの・時代もの作品を描いている）……などといった作品がある。

図12　ある時代の社会とフィクショナルなキャラの融合（森川久美〈ヴァレンチーノ・シリーズ〉）
（出典：森川久美『レヴァンテの黒太子』〔『森川久美全集』第7巻〕、角川書店、1990年、55ページ）

とりあえず、歴史的事実を追っていたり歴史上実在した人物が登場するものをA、時代背景はわかっても、具体的な時間を特定する記述がほとんどなかったり、時代はある程度はっきりしていても登場人物がどこの誰とは特定できずその時代や状況を象徴する人物を創造したと思われるものをBと仮に分けたが、もちろん、AとBとはくっきりとは分けられない。そしてこの「分けられない」ことのなかに、どうやら「女性と歴史」の問題を考える鍵があるようだ。

つまり、確かにその時代、そういう人物がいたかもしれない。しかし、その人物には名前がない。歴史のなかで、ほとんどの女たちには名前がなかったように。

5 「名もない人々（女）」と「性別越境」

語られる歴史は、文字に残される歴史は、名前のある歴史は、基本的には男たちのものだった。そのなかで女性が「歴史」を主体的に捉え直そうとすれば、フィクションに頼るよりほかない。もちろん歴史上たまに登場する、名前が残っている女性の視点で、歴史の主役ではなかったかもしれないが、確かに歴史と関わり、歴史をみつめてきた「脇役」の女の視点で、描くこともできるだろう。事実、『おんな太閤記』や『篤姫』、あるいは何度もドラマ化されている『大奥』など、テレビドラマはそういう方法をとってきた。春日の局や北条政子のような強い女の例もあるが、多くは、耐える女、支える女、嫉妬する女、女の哀しみ……。かなりの部分、「男から見た女」が入った女像。「家庭」で見るテレビ番組はどうしてもそうならざるをえない。しかし、女性が描いて女性が読む、少女（女性）マンガが主体的に「歴史」を描こうとしたとき、それでは「不自由」に思えたのだ。

架空の人物を創造し、その時代を自在に生きてみたい。その時代の人々とともに生き、その時代の人々が吸っていた空気を味わってみたい。そのとき、しばしば舞台には「革命」が選ばれ、あるいは「人々の生活が変わる」時代の激変期（「時代の覇者が変わる」ではなく）が選ばれるのは偶然ではないだろう。

「史実」に残る支配者・成功者の話より、名もなき人々の生活と思いを描く。市川ジュンの作品が目指すものはそこであり、曽根富美子の作品が目指すものはまさにそれである。

主人公の少女が「妃」になる『天は赤い河のほとり』や『蒼のマハラジャ』にしても、彼女たちが「妃」になって目指したことは、民衆と共にあること、「人々が暮らしやすい社会を造ること」であった。「誰が時代の覇者になるか」は彼女たちの関心の外にある。

そして、そこにフィクションが導入されたとき、『リョウ』や『風光る』、そして『大奥』がそうであるように、名前がある歴史上の「彼」はときに、実は「彼女」だったと、その性を変えた。あるいは『日出処の天子』『源氏』、そしてパロディ的な例では『秘密の新選組』がそうであるように、「男性に愛を抱く」というような〝女性的な〟資質を付与された（逆に、森川久美〈ヴァレンチーノ・シリーズ〉のように、男装の女性と女性との恋、というモチーフもしばしば登場する）。また、『ベルサイユのばら』や『オルフェウスの窓』がそうであるように、「女性でありながら男性として生きる」人物が物語のなかで作り出された。それは、自分が主体的にその歴史を生きてみるために、もう一度自分の目で、ある歴史的な時期を捉え直すために、ときに必要な手続きだった。

片方で、歴史ものの数が多い男性マンガにあっては、実は「バトルものの一形態」として歴史マンガが描かれていることが多く、「戦国時代」や男たちの「幕末」に作品が集中していることに気づく。

対して、女性マンガの歴史ものは、時代も国も実に豊かだ。小説をマンガ化した山内直子（氷室冴子原作）『なんて素敵にジャパネスク』（集英社）、大和和紀『あさきゆめみし』（＝『源氏物語』。講談社）、あるいは『和泉式部日記』や、後深草院二条の『とはずがたり』をマンガ化した作品など、女性マンガには平安時代を舞台にした作品も数多くあるが、男性マンガで平安時代が舞台の歴史ものなど見たことがない。

女性たちが興味があるのは、時代の覇者によって書き残された「史実」、どういう戦いを経て誰が時代の覇者になったか、ではなく、「その時代の生活を知ること」、「その時代を生きた人々の気持ちを想像すること」なのだ。

最後に、上田倫子『リョウ』のなかで、弁慶の子供を身ごもった義経＝リョウが言うセリフを記して筆をおこう。

「歴史を変えるわよ!!　私が子供を産んだら、きっと歴史は変わるわ!!」

そう。歴史を変える力は常に女性たちの手に握られている。

注

（1）『ベルサイユのばら大事典』池田理代子インタビュー、集英社、二〇〇二年、一二三ページ。筆者（藤本）は池田氏と親しい集英社の編集者から、初回から「週刊マーガレット」で圧倒的な人気トップだったという証言を得ている。

（2）『出版指標年報2010』によると、各雑誌が部数を減らすなか、「コミック乱」は安定した売れ行きを示しているという。

（3）既存の少年マンガ作品のなかの濃密な「男同士」の関係を恋愛に読み替えて、その二人の関係や感情、日常的なエピソードなどをさまざまに妄想し、一種のパロディとして同人誌作品にしたものを「やおい」（注4参照）と呼ぶが、萩尾がこのときに二人の間の感情をさまざまに妄想で〈補完〉したのは、恋愛への読み替えではなくとも、後の「やおい」ジャンルの登場を予感させるものだったかもしれない。

（4）チームケイティーズ編、オノ・ナツメ（イラスト）『TEAM!――チーム男子を語ろう朝まで！』太田出版、二〇〇八年、参照

（5）「やおい」：「やまなし・おちなし・いみなし」の頭文字を取ったもの。もとは、自分の好きなシーンを描いているだけで、山も落ちも意味もない……と、同人作品を自嘲的に呼んだ言葉。波津彬子主宰の同人誌「らっぽり」の〈やおい特集号〉（一九七九年発行）がこの言葉の嚆矢といわれるが、この言葉が「既存の少年マンガ作品のキャラクターから二人を選び出し、その二人の間に恋愛・性愛関係があると妄想して描くパロディ同人誌作品」の意味で広く使われるようになるのは、一九八〇年代半ばごろのことである。

まとめ　姫岡とし子

ジェンダー関連記述の少なさ

私が高校生だった頃、歴史の教科書に出てくる女性といえば、卑弥呼、持統天皇、エリザベス女王、マリア・テレジア、樋口一葉など、一握りの為政者や著名な文化人に限られていた。もっとも当時は、わずかな日本女性史研究を除いて、女性史研究そのものが、ほとんどなかったのである。しかし、一九七〇年代初頭に台頭したフェミニズム運動の影響を受けて開花した新しい女性史研究は、女性運動、女性労働、女子教育、戦争と女性、家族、セクシュアリティなど、数多くの分野で女性の歴史を明らかにした。九〇年代以降のジェンダー史研究は、軍隊とジェンダーなど、女性には無関係だと考えられていた分野にも参入し、政治・経済・社会・文化・科学など、あらゆる領域のシステム形成にいかにジェンダーが関係しているかを解読している。

こうした女性史・ジェンダー史研究の成果は、はたして歴史教育に反映されているのか。本書では、この点を確認するために高等学校で用いられている日本史および世界史の教科書を分析している。ジェンダーに関して、たしかに教科書執筆に変化の兆しは見られる。教科書によって違いはあるが、為政者以外の女性についての記述が散見されるようになり、最新の研究成果を取り入れているものも一部には存在し、ジェンダーを意識した執筆姿勢も垣間見られるようになった。しかし、全体的にはジェンダー関連の記述やジェンダーへの配慮はまだまだ少なく、とりわけ冒頭に掲載したアメリカの教科書と比較すると顕著な違いがある、というのが本書の結論である。この状況は、今後大幅に改善されなければならない。

このまとめでは、女性史・ジェンダー史の主張と関連させる形で本書の内容を振り返りながら、(1)なぜ日本の歴史教科書には女性に関する記述が少なく、またジェンダーの視点が導入されていないのか、(2)どのような歴史を、どう教えるべきか、(3)それを阻んでいるものは何か、(4)どう打開していくのか、について考えてみたい。

なぜジェンダー関連の叙述は少ないのか

久留島典子（本書第6章「高校の日本史教科書にみるジェンダー」）は、教科書には、①テーマ設定型と、②通史叙述型（定型型）の二通りの執筆様式があると指摘している。これは日本史の教科書の例だが、世界史や他国の教科書にも適用できる分類である。日本では、Aの教科書にテーマ設定型が多く、通史型のBよりもジェンダーへの配慮が見られる。ジェンダーの記述が非常に豊富なアメリカの教科書もテーマ設定型だが、その場合、教科書のなかで個別テーマを選んで取り上げるというより、教科書全体の視点が明確で、目的志向的な色彩が強い。民族や宗教の多様性や多文化、その交流や経験を描き、社会史にも多くのページを割いているため、ジェンダーの視点も当然のこととして重要な位置を占め、女性史・ジェンダー史の成果も十分に取り入れられることになるのである。

私の専門であるドイツにも、視点の明確な目的志向型の教科書が存在する。長い対立の歴史をもつドイツとフランスは、第二次世界大戦後、和解と相互理解、接近の歴史を積み重ねてきたが、この営為をさらに深化させるために、歴史認識の共有を目指して独仏共通教科書を執筆し、そこでは戦争の記憶にかなりのページを割いている。(1) もう一つは欧州共通教科書で、これはEU統合をさらに強めるために、自国史だけではなくヨーロッパ次元で歴史を学ばせることを目的としている。(2) 目的が独仏共生やヨーロッパ的枠組みの構築・強化にあるため、ジェンダーに関する記述は少なく、ジェンダー視点を積極的に導入しているわけではない。目的志向型では、何に重点をおくかで記述内容が大きく異なってくる。

②の通史型では出来事を網羅的に伝える知識習得型の叙述形式が中心であり、しかも歴史的事件や人物の描き方もオーソドックスな定型型なので、ジェンダー関係の記述が出てくる余地はないに等しい。新しい女性史は旗揚げのさいに、政治史や事件史中心の歴史叙述では女性が不可視になり、歴史全体を叙述しているとしながら実は人類の半数を占める女性の経験が無視されていると指摘したが、この批判は残念ながら、通史型教科書にそのまま当てはまる。ジェンダーを意識して執筆しないかぎり、ジェンダーに関する記述は増えないのである。藤本由香里（本書第13章「「女たちは歴史が嫌い」か？――少女マンガの歴史ものを中心に」）は、女性誌の歴史マンガの史実依存性が男性誌向けに較べて低い理由として、語られる／文字に残される名前のある歴史は基本的に男たちのものだったことを挙げ、この偉人中心の枠組みのなかで女性の主体的な「歴史」を描くにはフィクションに頼るしかない、と指摘する。教科書で女性を登場させるには、通史型の叙述形式とも重なる、

この枠組みを抜本的に転換することが必要になる。

さらに現在の教科書の執筆者は圧倒的多数が男性だが、執筆者と出版社の姿勢によってジェンダー史への取り組みの差が生じているため、ジェンダー関連記述を増やすには、ジェンダー視点を意識的に導入できる教科書執筆者を加えることが不可欠となる。

ジェンダーに配慮した歴史叙述

本書では、教科書へのジェンダー視点の導入として具体的に以下の点を提案している。第一に、女性関連の記述を増やすこと、とりわけ普通の女性および男性の歴史的営みに眼を向けることの必要性である。数少ない女性支配者や女性文化人の場合、男性と同じ枠組みのなかで書けるため、全体の定型化された叙情方法が変わることはないが――もっともキュリー夫人のようにジェンダー・バイアスのかかった記述法は、彼女個人の貢献を明確化するためにマリー・キュリーと改めなければならないが――、普通の女性の場合、社会史や日常生活史、文化史、政治文化、といった側面に焦点が当たり、記述スタイルや歴史の見方も変わってくる。本書の桜井万里子（本書第2章「古代ギリシアの社会をジェンダーの視点から読み解いてみる」）や井野瀬久美恵（本書第3章「奴隷貿易にジェンダーの視点をクロスオーバーさせる」）の例は、ジェンダーの視点を入れることにより、たんに女性が記述されるだけではなく、アテネとスパルタの社会状態の相違やアフリカと欧米世界との文化的相違、さらにそれが奴隷貿易の推進要素になったことも明らかにできることを示している。ジェンダーが社会の規定要因であることは、残念ながら、まだ充分に認識されていないが、ジェンダーへの注目によって、その地域や時代の特性も浮き彫りにすることができるのである。

第二は用語法である。たとえば近代市民社会を象徴する選挙権については、以前は普通選挙権としか書かれなかったのが、最近ようやく男性普通選挙権と明示されるようになって、女性の排除について考えられる余地ができた。しかし、人権宣言については解説抜きに当時の文言である「すべての人間の平等」が引用されるので、生徒が「すべてから抜け落ちている人」の存在や人権理解の時代的変遷（当時の人権の対象者は限定的だったが、長い闘争の歴史を経て現代では女性をはじめとするマイノリティもそのなかに含まれるようになった）に思いをはせるのは容易ではない。用語法への配慮は、現代との違いの認識＝時代の特性や変化のプロセスについての理解にもつながっていく。

この用語法に関しては、男女両性を論じているつもりで「人」「民衆」「労働者」などの言葉を用いても、実は男性の経験しか視野に入っていないという、三十年以上前になされた女性史による批判が、残念ながらいまなお妥当する。男性＝普遍・一般、そのため労働者と書かれ、特殊とみなされる女性は女性労働者と特記されるという「一般／特殊」の図式が再生産されるのである。ジェンダーを不問にする暗黙の男性中心主義に対して、本書は、誰に対する叙述なのかという歴史主体の明確化を対置している。三成美保（本書第5章「高校世界史教科書にみるジェンダー」）の指摘にあるように、主体への敏感さは女性に関する叙述の少なさを意識させ、その変化を促すように作用するだろう。

さらに用語法だけで対処できない場合には、解説や注をつけるなどして、誰が対象なのかを明らかにし、またその用語あるいは事項の含蓄や社会的・文化的背景の説明を加える必要がある。同じことが図版や図表の解説にも言え、こうした細部に留意するだけでも、ジェンダーに関する全体の印象が大きく異なってくる。

第三が、女性主体の歴史的貢献の明示と変容過程の記述である。そのためには、知識習得型教科書における断片化された事実の列挙という様式の変更が求められる。たとえば「女性の排除や地位の低さ」という事実については、当該の社会文化との関連、構造的要因の究明、前後の時代との連続性、相互関連や変化、変化の要因、変化への女性（男性）の主体的関わりなどに言及することが望まれる。主体による歴史の推進要因には、偉人の貢献だけではなく、井野瀬が指摘する女性奴隷による再生産抑制やイギリス女性の砂糖不買運動の例など、無名女性および男性の無言・有言の抵抗の他さまざまな行為が含まれる。女性はとかく歴史に規定され支配される「犠牲者」とみなされがちだが、男女の非対象的な権力関係は踏まえながら、女性の主体的関わりを前景に押し出していかなければならない。

第四は、教科書では回避されているか、曖昧な記述しかなされていない性・生殖の問題であり、これをタブー視したり、その歴史性を剝奪したりすることなく正面から向き合うことが要請されている。時代や地域によりその姿・形を変えながら現在まで続いている人身売買は、貧困、地域間経済格差、戦争、グローバル化、民族・人種・性差別などの歴史と密接に結び付いていて、歴史の多面的理解や歴史観の修正、そして、その延長線上にある将来像の模索を促す内容となる。多くの生徒が「歴史をもたない」と考えがちな性や生殖、さらに家／家族のきわめて多方面に及ぶ歴史的関わりを知ることは、「常識」や「通念」を問いただし、自らの歴史性を理解させるとともに、歴史像を豊富化することになる。

以上、ジェンダー視点の導入は既存の教科書叙述スタイルの大幅な変更を要求するが、それは同時に次に述べる、歴史の見方の豊富化、歴史と現在および自分とのつながりの認識、さらに歴史的思考力の育成へとつながっていく。

歴史的思考力の育成

本書で紹介されているアメリカの教科書、さらにドイツの教科書[3]は、日本のそれよりはるかにページ数が多く、内容も詳しく展開されている（もっともドイツの歴史教育は自国史中心で、これに関連するアメリカやヨーロッパの歴史が加えられているだけなので、学ぶ内容には偏りがある）。叙述方法としては、フランス革命や工業化など、各々の時代や社会変動の概要把握に重点が置かれており、教科書執筆者による説明の後に関連する資料や研究書からの抜粋が数多く掲載されていて、生徒はこれを読んで自ら考えつつ理解を深め、解釈の妥当性について検討することができる。また最後に自由回答形式の設問が用意されていて、回答の過程で知識や自分の見解を整理し歴史像を把握することができる。

主体的に学び考える歴史教育の典型といえるが、こうした方式は大学への入学試験制度が異なるために可能になるのであり、受験勉強に縛られている日本の現状では難しい。とはいえ、ドイツの教科書には、女性の地位や環境といった現代的問題と歴史との関連を意識させたり、フランス革命の十九世紀社会への影響を特記したりしてあって、われわれが歴史的存在であることを認識させ、また歴史的思考力を育成する工夫が随所に見られる。わが国では稀薄な、歴史と現在・自分とを架橋できる歴史教育、という点ではおおいに参考になる。

「歴史は暗記」という印象をもたせる日本の歴史教科書で学ぶ生徒たちに、はたして歴史を読む力は育つのか。もっといえば、物を見る目が育つのかだろうか。特定の立場を嫌う日本の学校教育では目的志向型歴史教育は難しいだろうが、それでも荻野美穂（本書第8章「歴史教育の役割――「歴史」と「自分」を架橋するために」）が主張している歴史の多様性・複合性を理解し、自己＝現在を相対的に見る視点を身につけられる教育をする必要性は、グローバル化の進展が著しい今日、ますます高まっている。そのさい、ジェンダー視点は欠かせない。本書では、マイノリティの立場からみた歴史の重要性が指摘されているが、異なるレンズでのぞけば、同じ時代や地域でも見える歴史は異なってくる。こうした認識が共有されれば、教科書の記述を「唯一の正答」と受け止めるのではなく、物事を批判的にみたり、異文化を発見・認識・探求する眼差しを鍛えたりする姿勢が促されるだろう。

ジェンダー視点からの歴史教育の改善に向けて

現在、歴史教科書におけるジェンダー関連の記述は増加傾向にはあるが、その多くがコラムなど本文以外の個所での執筆である。こうした記述方法は一つの選択肢であり、少なくとも女性の体験や行為、歴史上の人物に関して知る機会を増やすことができる。また扱い方に工夫をこらして、あるテーマに関して現在との関係も含めて長いタイムスパンで論じたり、地域比較をしたりすれば、変化のプロセスや文化的多様性について知ることができる。エピソードの挿入も、歴史への興味をかきたて、従来の偏見を打破するのに効果的である。

しかし、コラム形式の執筆は女性史がかつて陥った孤立化（ゲットー化）を思い起こさせ、女性史は「歴史の本流」とは無関係な「特殊」な領域というイメージをもたせることになりかねない。したがってコラムを増やすのはいいが、コラムへの囲い込みは避けるべきで、できるだけ本文のなかで歴史の流れと関連させながらジェンダー関連の記述をすることが望まれる。

市民革命、工業化、総力戦など、家／家族や性／生殖の変化とも絡めながらジェンダーに言及すべきテーマは例示できるが、全体として、この作業は決して容易ではない。というのも、コラム形式で執筆できる研究成果は枚挙にいとまがないが、歴史推進力としてのジェンダーの役割を明快に示して歴史の流れを具体的に説明できるジェンダー史の業績はまだそれほど多くないからである。本文でのジェンダー関連記述の増加は、教科書関係者だけではなく、ジェンダー史全体に突き付けられた課題といえる。

ちなみに、ジェンダー視点の欠如、因果関係やコンテキスト（時代背景）の説明抜きの女性体験の提示、これらによる女性のゲットー化やステレオタイプ化したジェンダー像の再生産は、香川檀（本書第12章「ミュージアムとジェンダー――展示による経験の可視化をめぐって」）が分析した博物館の展示にも見られる。だが逆に、展示の仕方によって、ゲットー化されがちな「女性の日常」が「全体史」理解の窓口ともなるので、博物館はマンガと同様に、歴史教育への大きなポテンシャルを秘めている。

歴史教育にジェンダー視点を導入するためには、ジェンダー史に詳しくない教師が学びやすい解説書を提供したり、副読本を作成して従来の歴史とジェンダー史との関わりを知ってもらったりすることが重要である。さらに、ジェンダーだけを別個に扱うのではなく、知識詰め込みの暗記中心教育を持続させる要因となっている入学試験問題の改革、新しい領域を含めるために年々増え続けていまでは五十年前と比較して二・五倍の約三千三百五十あまりに達している歴史事項のスクラップをはじめ、教科書構成全体や歴史教育の重点の見直しといった歴史教育全体の課題に、学会や教育現場関係者と連携・協力しながら取り組んでいかなければならない。

本書執筆の契機となったのは学術会議の「歴史学とジェンダー委員会」主催のシンポジウムだったが、学術会議は二〇〇六年の世界史未履修問題の発生以降、歴史教育の改革に本格的に着手している。ジェンダー史委員会も、こうした動きと連携しながら歴史教育へのジェンダー視点の導入を推進していきたい。

注

（1）ペーター・ガイス／ギヨーム・ル・カントレック監修『ドイツ・フランス共通歴史教科書 現代史――一九四五年以後のヨーロッパと世界』福井憲彦／近藤孝弘監訳（世界の教科書シリーズ23）、明石書店、二〇〇八年

（2）フレデリック・ドルーシュ総合編集『ヨーロッパの歴史――欧州共通教科書』木村尚三郎監修／花上克己訳、東京書籍、一九九八年（第二版）

(3) Frank Bahr, Horizonte 2. Schülerbuch. 12./13. Schuljahr: Geschichte für die Oberstufe. Von der französichen Revolution bis zum Beginn des 21. Jahrhunderts, Braunschweig, 2003.

社)、『ドイツ近現代ジェンダー史入門』(青木書店) など

藤本由香里（ふじもと ゆかり）
1959年、熊本県生まれ
明治大学国際日本学部准教授
専攻はマンガ文化論、ジェンダーと表象
著書に『私の居場所はどこにあるの?』(朝日新聞出版)、『愛情評論』(文藝春秋)、『少女まんが魂』(白泉社)、『快楽電流』(河出書房新社) など

東京大学史料編纂所教授
専攻は日本中世史
著書に『一揆と戦国大名』(講談社)、『一揆の世界と法』(山川出版社)、共編著に『史料を読み解く1 中世文書の流れ』(山川出版社)、『展望 日本歴史II 室町の社会』(東京堂出版) など

荻野美穂 (おぎの みほ)
1945年、中国・青島生まれ
同志社大学大学院グローバル・スタディーズ研究科教授
専攻は女性史・ジェンダー論
著書に『「家族計画」への道』(岩波書店)、『ジェンダー化される身体』(勁草書房)、『中絶論争とアメリカ社会』(岩波書店)、編著に『〈性〉の分割線』(青弓社) など

羽場久美子 (はば くみこ)
1952年、兵庫県生まれ
青山学院大学大学院国際政治学研究科教授
専攻は国際政治、欧州統合論、ナショナリズム研究
著書に『拡大ヨーロッパの挑戦』(中央公論新社)、『統合ヨーロッパの民族問題』(講談社)、共著に『ヨーロッパの東方拡大』(岩波書店)、『歴史としてのヨーロッパ・アイデンティティ』(山川出版社) など

小川眞里子 (おがわ まりこ)
1948年、岐阜県生まれ
三重大学人文学部教授
専攻は科学史・科学論
著書に『甦るダーウィン』『フェミニズムと科学/技術』(ともに岩波書店)、訳書にロンダ・シービンガー『植物と帝国』(工作舎) など

桃木至朗 (ももき しろう)
1955年、神奈川県生まれ
大阪大学コミュニケーションデザイン・センター教授
専攻は東南アジア史、アジア海域史、歴史学の評論・解説
著書に『中世大越国家の形成と変容』『わかる歴史・面白い歴史・役に立つ歴史』(ともに大阪大学出版会)、共編著に『新版東南アジアを知る事典』(平凡社) など

香川 檀 (かがわ まゆみ)
1954年、東京都生まれ
武蔵大学人文学部教授
専攻は表象文化論 (20世紀美術とジェンダー表象)
著書に『ダダの性と身体』(ブリュッケ)、共著に『記憶の網目をたぐる』(彩樹

［著者略歴］

富永智津子（とみなが ちづこ）
1942年、三重県生まれ
元宮城学院女子大学学芸学部教授。現在、同大学キリスト教文化研究所客員研究員
専攻は東アフリカ現代史
著書に『ザンジバルの笛』（未来社）、『スワヒリ都市の盛衰』（山川出版社）、共著書に『新しいアフリカ史像を求めて』（御茶の水書房）など

桜井万里子（さくらい まりこ）
1943年、東京都生まれ
東京大学名誉教授
専攻は古代ギリシア史
著書に『いまに生きる古代ギリシア』（日本放送出版協会）、『ギリシア史』（山川出版社）、共著に『世界の歴史5 ギリシアとローマ』（中央公論新社）など

井野瀬久美惠（いのせ くみえ）
1958年、愛知県生まれ
甲南大学文学部教授
専攻はイギリス近現代史、大英帝国史
著書に『大英帝国という経験』（講談社）、『植民地経験のゆくえ』（人文書院）、編著書に『イギリス文化史』（昭和堂）など

小浜正子（こはま まさこ）
1958年、大阪府生まれ
日本大学文理学部教授
専攻は中国近現代史
著書に『近代上海の公共性と国家』、共著に『建国前後の上海』（ともに研文出版）、『グローバル化と中国』（東京大学出版会）など

三成美保（みつなり みほ）
1956年、香川県生まれ
摂南人学法学部教授
専攻はジェンダー法学、西洋法制史、ドイツ史
著書に『ジェンダーの法史学』（勁草書房）、編著に『ジェンダーの比較法史学』（大阪大学出版会）、『権力と身体』（明石書店）、『国民国家と家族・個人』（早稲田大学出版部）、共著に『日本・ドイツ・イタリア超少子高齢社会からの脱却』（明石書店）など

久留島典子（くるしま のりこ）
1955年、神奈川県生まれ

[編著者略歴]
長野ひろ子（ながの ひろこ）
1949年、茨城県生まれ
中央大学経済学部教授
専攻は日本経済史、ジェンダー史
著書に『幕藩制国家の経済構造』『日本近世ジェンダー論』（ともに吉川弘文館）、共編著に『日本近代国家の成立とジェンダー』（柏書房）、『経済と消費社会』（明石書店）など

姫岡とし子（ひめおか としこ）
1950年、京都府生まれ
東京大学大学院人文社会系研究科教授
専攻はドイツ近現代史、ジェンダー史
著書に『ジェンダー化する社会』（岩波書店）、『ヨーロッパの家族史』（山川出版社）、共編著に『ドイツ近現代ジェンダー史入門』（青木書店）など

青弓社ライブラリー67

歴史教育《れきしきょういく》とジェンダー　教科書からサブカルチャーまで

発行——2011年2月25日　第1刷

定価——1600円＋税

編著者——長野ひろ子／姫岡とし子

発行者——矢野恵二

発行所——株式会社青弓社
〒101-0061 東京都千代田区三崎町3-3-4
電話 03-3265-8548（代）
http://www.seikyusha.co.jp

印刷所——厚徳社

製本所——厚徳社

ISBN978-4-7872-3324-0 C0336